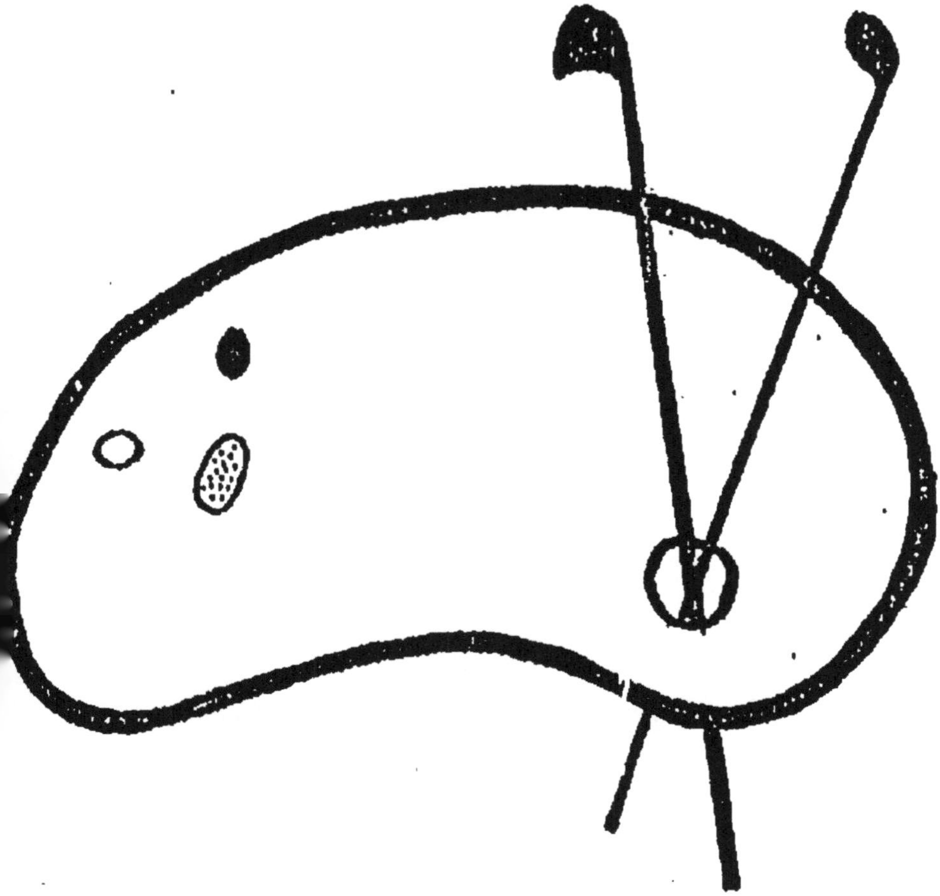

DEBUT D'UNE SERIE DE DOCUMENTS
EN COULEUR

8°E
1152

La Guerre actuelle

et le Droit des Gens

PAR

Antoine PILLET

PROFESSEUR A LA FACULTÉ DE DROIT DE PARIS

EXTRAIT DE LA *REVUE GÉNÉRALE DE DROIT INTERNATIONAL PUBLIC*

PARIS

A. PEDONE, ÉDITEUR

LIBRAIRE DE LA COUR D'APPEL ET DE L'ORDRE DES AVOCATS

13, RUE SOUFFLOT, 13

1916

A . PEDONE, Éditeur, 13, rue Soufflot, PARIS.

REVUE GÉNÉRALE

DE

Droit International Public

DROIT DES GENS — HISTOIRE DIPLOMATIQUE
DROIT PÉNAL — DROIT FISCAL — DROIT ADMINISTRATIF

(FONDÉE PAR MM. A. PILLET ET P. FAUCHILLE)

PUBLIÉE PAR

Paul FAUCHILLE

AVOCAT, DOCTEUR EN DROIT
MEMBRE DE L'INSTITUT DE DROIT INTERNATIONAL

Récompensée par l'Institut de France, 1904, Fondation Drouyn de Lhuys. Académie des Sciences morales et politiques

La **Revue** générale de Droit international public paraît tous les deux mois depuis le 1er février 1894. — Elle contient : 1° des études approfondies sur les matières diverses du droit international public ; 2° des chroniques très étendues sur les faits internationaux les plus récents ; 3° des documents internationaux et diplomatiques.

La **Revue** générale de Droit international public a pour but, au point de vue théorique, de poser des principes qui puissent servir de base à un droit international juste et équitable. Au point de vue pratique, elle signale, en les appréciant, les faits qu'engendre l'activité incessante des différents peuples.

La **Revue**, exclusivement internationale, est dégagée de toute tendance préconçue. Ses collaborateurs, les internationalistes de la France et de l'Étranger lui ont donné, sans compter, leur précieux concours.

L'Institut de France ACADÉMIE DES SCIENCES MORALES ET POLITIQUES a voulu récompenser les efforts de la **Revue**, en lui décernant, en 1904, le prix de la Fondation Drouyn de Lhuys.

ABONNEMENT : 20 FRANCS PAR AN. — ÉTRANGER, 21 FR. 50

Collection complète des **22** années publiées (1894-1915) : **390** fr.
Reliure en plus : 3 francs par année.

Les frais de port en sus. — Poids de la collection . . . . . 36 Kgs.

Imp. J. Thevenot, Saint-Dizier (Haute-Marne).

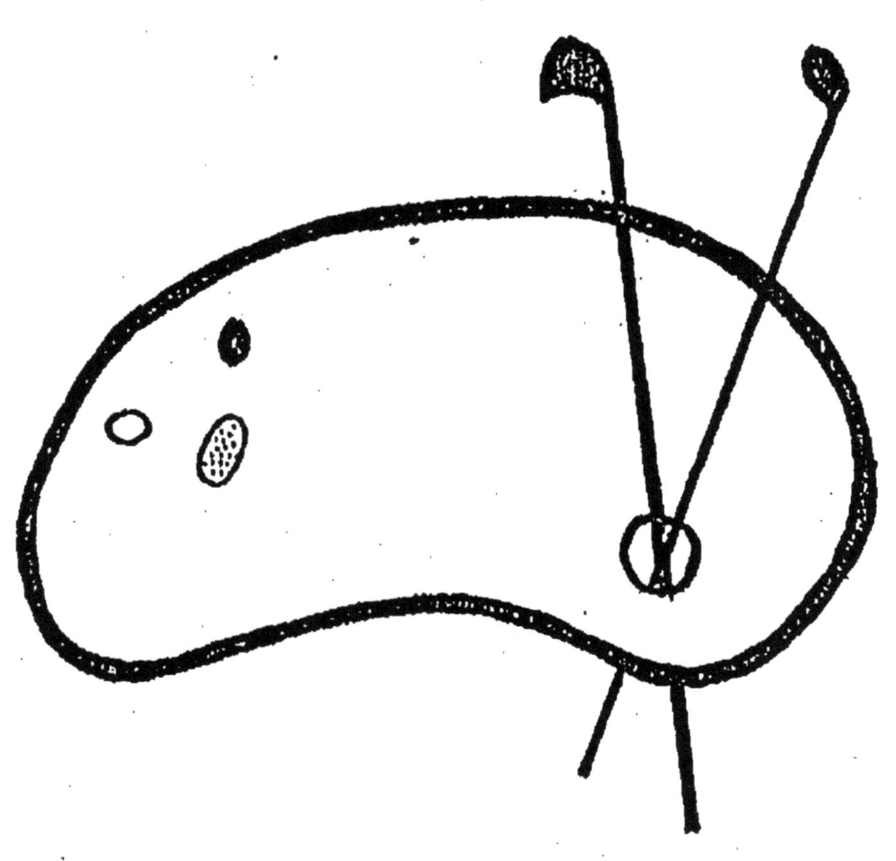

FIN D'UNE SERIE DE DOCUMENTS
EN COULEUR

La Guerre actuelle

et le Droit des Gens

PAR

Antoine PILLET

PROFESSEUR A LA FACULTÉ DE DROIT DE PARIS

PARIS

A. PEDONE, Éditeur

LIBRAIRE DE LA COUR D'APPEL ET DE L'ORDRE DES AVOCATS

13, RUE SOUFFLOT, 13

—

1916

LA GUERRE ACTUELLE

ET

LE DROIT DES GENS

Les fastes de la lutte qui ensanglante l'Europe et met en deuil des millions de familles ont un caractère particulièrement angoissant pour tous ceux qui prennent intérêt à l'avenir du droit des gens. Cette angoisse certes n'est pas la pire de toutes et c'est à peine si l'on ose la mentionner lorsqu'on pense aux calamités qui pleuvent sur le monde, lorsqu'on la compare aux douleurs que l'on a éprouvées, aux menaces de chaque jour que l'on subit encore, aux inquiétudes de la patrie, au deuil de la famille. Cette angoisse existe cependant et puisqu'aussi bien l'esprit, en quelque voie qu'il tente de s'engager, est obligé de revenir toujours à ce fait unique, absorbant, tyrannique, on ne jugera pas déplacé, nous l'espérons, notre projet de mesurer le mal que cette guerre a déjà fait au droit des gens.

Le droit des gens après tout mérite qu'on ne l'oublie pas tout à fait. Il représente l'un des côtés les plus élevés de la civilisation. Lorsque des États se résolvent à soumettre leurs rapports à des règles fixes, empreintes de justice et de loyauté, on peut dire qu'ils forment un monde civilisé, car le signe le plus certain de la civilisation est bien de placer la raison et le droit au-dessus de la force. Que si au milieu même des combats quelques lois sont volontairement observées dont l'effet est d'éviter le carnage inutile, de mettre un frein à la violence quand la violence n'est plus nécessaire, de répudier les actes les plus contraires à la décence et à l'honneur, on pourra en conclure que cet état de droit est l'indice d'une civilisation plus avancée, le respect d'une loi étant évidemment plus méritoire dans le feu de l'action guerrière que dans les loisirs et le calme de la paix.

Cet état était hier encore celui de l'Europe. De nombreuses expériences avaient fait voir que la licence, suite inévitable d'une prise d'armes, peut cependant s'allier à l'observation de certaines lois simples et élémentaires, et il n'était pas de puissance militaire qui n'eût son Manuel de droit des gens à l'usage des officiers de son armée. Qu'en reste-t-il aujourd'hui, nul ne saurait le dire. En fait les Empires auxquels la responsabilité de cette guerre remonte tout entière l'ont conduite jusqu'ici avec un mépris absolu de toutes les lois reçues. Également oublieux des suggestions de l'humanité et du code de l'honneur militaire, ils ont érigé en principe que tout emploi de la force ou de la ruse est légitime, qu'il n'y a à la guerre ni juste ni injuste, ni usage ni abus, ni honnêteté ni turpitude. Une seule règle demeure debout : celle des droits illimités de la force.

Rien ne subsiste donc de ce qui paraissait le mieux établi et nous en sommes venus, nous les serviteurs du droit international, à nous demander si, après cette grande destruction, quelque chose pourra être réédifié. Semblables aux citoyens d'une ville qu'un cyclone a ruinée de fond en comble, nous en sommes réduits à fouiller des décombres, comptant nos pertes et nous demandant à chaque pas si, de ce grand édifice abattu, assez de matériaux pourront être retirés pour en construire une habitation plus modeste, mais plus solide et ayant des chances sérieuses d'affronter sans désastre de semblables ouragans.

Nous allons entreprendre cette recherche avec la même indépendance d'esprit qui nous faisait, il y a quelques années, douter de l'efficacité de l'œuvre bruyamment entreprise dans les Conférences de la Haye et qui nous porte à espérer aujourd'hui que l'humanité, une fois délivrée de ce cauchemar, se souviendra de son passé et reviendra à une loi, non pas à la vérité à cette réglementation chimérique que des hommes téméraires plus qu'habiles avaient rêvé de promulguer, mais à une loi plus modeste, plus réelle, plus conforme aux précédents, à une loi qui ait des chances sérieuses d'être observée.

Cette étude comporte l'examen de questions multiples : essayons de les grouper sous des chefs empruntés à leurs affinités.

I

Le Problème de la Guerre.

Cela c'est le problème éternel, le perpétuel défi porté à la raison par
l'histoire du monde. Pourquoi l'humanité ne peut-elle pas vivre en paix,
alors que tout homme pris en particulier est un pacifique, alors que la
paix est profitable à tous, et pourquoi faut-il que les rapports que les
nations ont entre elles déchaînent à intervalles trop fréquents ces ouragans de dévastation et de mort ? A quoi peut servir une guerre sinon à
en préparer une autre ? Quelle est la signification de la victoire et quel
est ce simulacre de justice qui expose les droits les mieux établis, les
causes les plus justes à succomber sous le poids écrasant de la défaite ?
Pourquoi les nations ne prendraient-elles pas une fois pour toutes le
parti de faire prononcer par la voix de la justice le mot qui tranchera
leurs différends ?

Pourquoi ? personne n'en sait rien, et en face d'une telle question les
simples paraissent très décidément supérieurs aux habiles. Les simples
se disent qu'il y a dans la destinée des peuples, comme dans celle des
individus, certains mystères que la raison ne pénétrera jamais, que la
raison n'est pas toute puissante, qu'elle a ses cloisons étanches au
delà desquelles elle ne voit pas, qu'elle n'a pas mieux à faire qu'à se
résigner à son imperfection, que sans doute il existe quelque part une
raison supérieure qui arrête les destinées des nations et les soumet à
des lois dont le sens échappe à notre entendement borné. Pour ceux-là
la guerre existe parce qu'elle existe, elle constitue un phénomène constant dans l'histoire de l'humanité et il est probable qu'elle existera aussi
longtemps que l'humanité elle-même. Si la guerre venait à disparaître,
on le saurait quand elle aurait en fait disparu des annales de l'humanité
et l'on ne comprendrait pas plus pourquoi elle ne se produit plus que
l'on ne comprend actuellement pourquoi elle existe. A la vérité, tout n'est
pas ténèbres dans ce domaine et l'on peut apercevoir plus d'une res-
semblance entre les mobiles qui guident les conducteurs de peuples et

les passions inhérentes à la nature humaine. La cupidité est pareille de part et d'autre et il n'y a pas une distance énorme de l'ambition d'un Roi à l'état d'âme d'un vieux paysan qui brûle du désir d'agrandir son héritage, pareille l'avarice qui ne permet pas de se dépouiller même des biens mal acquis, pareilles encore les haines, les jalousies, les habitudes de tromperie. La société internationale est proche de ce que serait une société civile sans juges ni gendarmes, ni morale. Seulement ce qui entre individus est réprouvé comme un vice paraît souvent pour un État l'accomplissement d'un devoir. Et tout n'est pas faux dans ce point de vue. L'État est responsable de l'existence et de la sécurité du peuple soumis à ses lois ; il vit entouré de dangers, il se sait constamment menacé de déchéance ou de mort ; le sentiment de la nécessité d'une perpétuelle défense fait taire ses scrupules et lui fait accepter des actes que la morale commune n'approuverait pas.

Quelque attention que méritent ces considérations, elles ne suffisent pas à dissiper le mystère, car elles n'expliquent pas cette fatalité de la guerre alors qu'il existe tant d'autres moyens bien meilleurs de résoudre les conflits internationaux. Mais cette fatalité n'en existe pas moins : elle domine l'histoire de l'humanité. Les savants ne se résignent pas à subir cette loi et commettent cette étrange erreur de penser que la guerre est un vestige de barbarie dont la civilisation doit triompher. Leur tort est de croire que l'empire de la science et de la raison est universel, leur faute de se considérer comme supérieurs à leurs devanciers et comme capables de réussir là où ces derniers ont échoué. Ils laissent croire volontiers qu'ils ont découvert la panacée universelle et ils n'arrivent jamais qu'à ajouter un article de plus au bilan de la faillite de la science.

Il y a quelques années encore les Conférences réunies à la Haye avaient fait naître dans tous les esprits de grandes espérances. Cette fois l'initiative était partie de haut, les intentions étaient excellentes, les sympathies des États eux-mêmes s'attachaient ouvertement à l'œuvre entreprise. Parviendrait-on à ouvrir à l'arbitrage de nouveaux domaines, réduisant d'autant la place laissée à la force dans la solution des conflits, ou au moins ne réussirait-on pas à soulager l'Europe pliant sous le faix d'armements poussés à outrance et à rendre au travail fécond tout cet argent et tous ces bras voués à la préparation de l'œuvre de mort ? Pour dire vrai, les Conférences de la Haye n'ont abouti à rien du tout et ne nous ont légué qu'un fatras de vœux candides autant qu'inutiles, de définitions juridiques déplacées, de règles de procédure minutieuses destinées à une Cour internationale des prises qui n'a jamais siégé et suivant toute apparence ne siégera jamais et d'un tribunal d'arbitrage qui a siégé et rendu quelques sentences dont tout le bien à dire est qu'elles ne sont ni meilleures ni plus mauvaises que celles que des arbitres quelconques auraient rendues.

Cette appréciation pèche même par excès de faveur. Plusieurs des arrêts rendus sont critiquables soit dans leur dispositif, comme ceux relatifs aux droits de préférence du Vénézuéla ou à l'affaire Savarkar, soit dans leurs motifs (par exemple affaire des déserteurs de Casablanca). Il semble que la préoccupation de la Cour est moins de rendre la justice que de découvrir des formules de conciliation. Elle accuse également une tendance à s'incliner trop facilement devant le fait accompli. Cela est peut-être de la diplomatie, ce n'est pas de la justice, et la jurisprudence de la Cour tendrait à prouver que l'exercice de la justice internationale est chose impossible.

Cette fois encore la montagne avait accouché d'une souris. Un peu plus de prudence et de modestie aurait permis cependant d'épargner à la cause de l'humanité ce lamentable échec. Les protagonistes de ces célèbres Conférences auraient dû se rappeler que la cause du pacifisme n'a rien d'une cause nouvelle, qu'elle a provoqué des travaux considérables, qu'elle a eu des défenseurs zélés et ardents, que maintes fois déjà elle a tenté de changer le cours des affaires du monde, que jamais elle n'a obtenu le plus petit résultat.

Je ne parle pas ici des constructions purement imaginatives de Thomas More et de son Utopie, de Campanella et de la Cité du Soleil, de Crucé et du Nouveau Cyné ou de la Salente de Fénelon. De pareilles rêveries supposent une humanité toute différente de l'humanité véritable, elles n'intéressent que la pure curiosité. Mais le grand dessein d'Henri IV, qui visait déjà à la constitution d'États-Unis d'Europe, avait été communiqué à Elisabeth d'Angleterre et on nous raconte que la mort du Roi en empêcha seule l'exécution. Cependant il n'a jamais été repris. L'abbé de Saint-Pierre, qui n'était ni un ignorant ni un esprit vulgaire, a passé sa vie à caresser cette chimère. Il nous a légué le plan complet d'une société européenne d'où la guerre soit étrangère soit civile serait bannie, fixant à chaque État ses limites, garantissant à chaque Souverain son pouvoir, établissant un Conseil d'arbitres pour parer à tous les conflits. Le bon abbé croyait bien avoir trouvé la pierre philosophale, il ne s'expliquait pas que les Rois demeurassent de glace à l'égard de ses idées. Alors il en accusait leur forme et, pensant les rendre plus accessibles, il les rééditait dans un livre nouveau, qui pas plus que le précédent ne fixait l'attention des hommes d'État. L'énorme labeur de l'abbé de Saint-Pierre n'a servi qu'à sauver son nom de l'oubli, et c'est justice. Les plus fameux, Rousseau, Bentham, Kant, se sont heurtés à ce problème sans plus de succès ; il est remarquable que les plus célèbres sont ceux qui ont dit à ce sujet les choses les plus extraordinaires. Bentham, qui écrivait à la veille des guerres de la Révolution, n'hésitait pas à conseiller à sa patrie d'affranchir ses colonies et de licencier sa flotte de guerre, et Kant attendait le triomphe de la paix du seul développement des institutions politiques dans un sens républicain.

L'Assemblée nationale a longuement agité ces questions, elles ont préoccupé le Congrès de Vienne, Napoléon III s'en est avoué le champion ; et pas une fois ce grand mouvement d'idées n'a obtenu la moindre influence sur la politique des nations. Il y a là de quoi faire réfléchir les esprits les plus aventureux.

De tous les démentis qu'ont reçus les idées pacifistes, le plus cruel est sans contredit celui que la présente guerre vient de leur donner. Les Conférences de la Haye n'ont empêché ni la guerre Sud-africaine, ni la lutte de la Russie et du Japon, ni les conflits qui à une époque plus récente ont ensanglanté la presqu'île des Balkans. On se plaisait à penser que ces guerres en somme assez étroitement localisées seraient désormais les seules possibles, et hier encore des sophistes avides de popularité ne craignaient pas de crier très haut que l'on ne verrait plus de guerres générales.

Quel démenti ! Non seulement la guerre actuelle a mis aux prises toutes les grandes puissances de l'Europe, mais elle a été préparée, voulue et poursuivie pour les motifs les moins avouables de tous, la pure ambition, la soif de l'or, la simple rapacité. C'est une guerre dénuée de toute cause juste, une guerre de conquête, plus encore une tentative d'établissement d'une domination universelle. Les plus anciens parmi ces amis de l'humanité qui se sont efforcés de réaliser un droit de la guerre, les Canonistes, Grotius et ses successeurs enseignaient qu'une guerre n'est juste qu'à la suite de la violation d'un droit. C'est en effet une idée digne de faveur, parce qu'elle est simple et qu'elle rapproche ce grand organe de la justice internationale de l'institution qui nous est familière de la justice nationale. Pourtant cette idée ne peut pas être acceptée tout entière, elle ne rend pas compte de la véritable fonction de la guerre, de sa fonction légitime dans une société bien ordonnée. Il est rare qu'une simple violation de droit soit entre États une juste cause de guerre ; il faut pour cela qu'il s'agisse d'une violation extrêmement grave et relative à un droit primordial, car sans cela il existe d'autres moyens plus doux et tout aussi efficaces de rétablir l'autorité du droit. Par contre, même dans le cas où aucun droit précis n'a été violé, un État est certainement fondé à faire la guerre si ses intérêts essentiels sont directement menacés et s'il n'obtient pas amiablement les garanties qu'il réclame. Par intérêts essentiels, il faut entendre uniquement ceux d'où dépend la conservation de l'État, la sécurité de son existence, l'intégrité de son territoire et de sa population, le respect de son honneur. Avant même qu'aucun de ses droits n'ait été lésé, telles situations peuvent naître, si pleines de menaces pour un État qu'il faut les faire cesser sans plus tarder à peine d'être placé dans l'impossibilité de se défendre au jour où les intentions qu'elles décèlent se traduiront par des actes. Attaquer dans de semblables conditions, c'est encore se défendre, on l'a observé avec raison, et c'est ce qui rend illusoire cette distinction des guerres offensives et défensives par laquelle beaucoup tentent de résoudre le problème de la légitimité de la guerre.

Frédéric II de Prusse a souvent été loué pour avoir agi de la sorte lors de la campagne de Silésie. Un siècle et demi après, Guillaume II, Empereur d'Allemagne, son héritier, prétend se couvrir de la même raison. Récemment encore, à l'occasion de l'anniversaire de l'ouverture des hostilités, il répétait pour la centième fois qu'il ne voulait pas la guerre, qu'il s'est vu contraint de la faire, étant entouré d'ennemis qui avaient juré sa perte.

Qui l'Empereur espère-t-il tromper par ce mensonge évident, palpable, massif? Les faits ne sont pas si lointains qu'on ne puisse faire apparaître la vérité. A la veille de ce moment funeste, personne ne voulait la guerre que l'Allemagne et l'Autriche, personne hormis ces deux puissances ne conjecturait qu'une crise aussi formidable pût sortir de l'incident de Serajevo. Il fallut le coup de tonnerre de la Note autrichienne pour éveiller les inquiétudes de l'Europe. Et alors, sans perdre une minute, l'Angleterre, la France, la Russie s'employèrent à dissiper le nuage. Elles firent plus que de lancer des projets, elles obtinrent de la Serbie la rédaction d'une réponse de nature à satisfaire les plus difficiles. Tout ce qu'un État indépendant peut accorder sans renoncer à son indépendance était consenti sur le champ, et pour le reste la Serbie demandait à causer. Que faisait l'Allemagne pendant ce temps? Elle protestait de son amour de la paix aussi énergiquement qu'en 1870, niait du reste avoir eu la moindre connaissance de la Note autrichienne, et en même temps travaillait à couper les ponts en déclarant qu'à son sens l'affaire était particulière à l'Autriche et à la Serbie (ce qui était manifestement faux, car la question intéressait tous les signataires du traité de Berlin du 13 juillet 1878) et que l'Autriche ne devait rien rabattre de ses prétentions. L'Allemagne savait très bien qu'il lui suffisait d'un geste pour arrêter l'Autriche. Ce geste, l'Empereur Guillaume était supplié de le faire et il ne l'a pas fait, donnant par là même la mesure de son désir de pacification et laissant apparaître ses véritables intentions. Les combinaisons proposées par les amis de la paix, pourparlers directs, médiation à quatre, n'arrivaient pas à vaincre les résistances. On piétinait sur place. L'Empereur fut sollicité d'émettre lui-même une proposition : il ne répondit pas. Cependant, malgré tout, la conversation entre la Russie et l'Autriche se renoua. On allait aboutir. Alors l'Empereur d'Allemagne déclara la guerre à la France.

A ce point il faut insister sur la puissance de mensonge déployée par le gouvernement allemand. Hier encore l'Empereur Guillaume prenait Dieu à témoin qu'il n'avait pas voulu cette guerre. Son audace est singulièrement impie. Non seulement le rappel des circonstances montre qu'il a voulu surprendre des adversaires inattentifs au moment où ils craignaient le moins une attaque ; non seulement la main de l'Empereur est visible dans la Note autrichienne, mais à chaque instant de cette brève crise il fait tout pour empêcher la paix de se maintenir. Et c'est lui qui dit qu'il n'a pas voulu la guerre. Il pense donc parler à un monde qui n'aurait ni yeux pour voir, ni oreilles pour entendre, ni parole pour le juger !

Et lorsqu'enfin il nous déclare la guerre, il prend pour prétexte une prétendue incursion d'avions français, incursion dont il n'a jamais pu fixer ni le temps ni le lieu. Les mensonges ne lui coûtent pas et peu de jours plus tard, lorsqu'il ordonne à ses troupes de violer le territoire belge, il s'en excuse sur un prétendu projet d'agression de la Belgique par la France.

La moralité de semblables procédés est au-dessous même de la simple discussion ; mais, au point de vue du droit, il faut marquer que, si ces manières allemandes se généralisaient, il faudrait renoncer à toute sécurité dans le commerce international. Comment espérer prévenir une crise ou la faire cesser si l'on ne peut avoir aucune confiance dans les paroles échangées ? Rien certes n'est plus propre à faire régner entre

États la seule force brutale que l'habitude du mensonge dans les négociations.

Le menteur ment parce qu'il n'ose pas dire la vérité. L'Empereur d'Allemagne a menti et ment encore parce que, s'il avait découvert ses véritables intentions, il n'aurait trouvé dans le monde que des ennemis. Dépouillée de toutes les fictions dont l'Allemagne cherche à se couvrir, cette guerre est purement et simplement une guerre de conquête et pis encore que cela une entreprise de domination mondiale. L'Allemagne veut rejeter la Russie dans la steppe orientale pour la dépouiller de sa place en Europe, elle veut en finir avec la France comme grande puissance, elle veut arriver au Pas-de-Calais pour tenir l'Angleterre sous le feu de ses canons. En Orient, la Turquie lui appartient déjà. Si ce plan était jamais exécuté, il n'y aurait plus qu'une seule puissance en Europe, l'Allemagne, et les nations provisoirement épargnées, comme les scandinaves, les balkaniques, l'Espagne, devraient au lendemain de la victoire tendre le cou au joug allemand. Ce tableau n'est nullement noirci, l'imagination n'y entre pour aucune part, c'est le tableau des ambitions allemandes avouées par les Allemands eux-mêmes, c'est le dogme du pangermanisme et à l'heure actuelle tout Allemand est pangermaniste. Il faut même aller plus loin, car l'Allemagne a des ambitions mondiales et c'est à la domination universelle qu'elle aspire. Elle n'est pas encore arrivée à ce stade, mais elle y tend, ce n'est pas douteux, et un jour viendra où ses savants déclareront avec leur sérieux imperturbable que la Chine et le Japon sont allemands et doivent rentrer dans l'Empire germanique. Je crois même que, si l'Allemagne parvenait à abattre ses adversaires d'aujourd'hui, rien ne pourrait désormais arrêter ses plus lointaines ambitions.

Sachons accepter la leçon que nous donne cette guerre. Elle nous fournit un exemple de guerre de pure cupidité, de guerre dénuée de toute cause avouable et compatible avec la paix du monde. Il faut remonter aux grandes invasions de la période gallo-romaine pour trouver son analogue. On a dénoncé la soif de conquêtes de Napoléon Ier, mais Napoléon luttait contre des coalitions qui se reformaient sans cesse, il luttait pour soutenir son trône qu'il sentait toujours chancelant sous lui. Il est tombé pourtant. Comparera-t-on à son génie le génie du César allemand ?

Apprenons donc de cet exemple que nous ne devons pas nous leurrer de l'illusion de progrès que nous n'avons pas accompli. Le monde est

de nos jours plus que jamais exposé aux surprises de la force brutale ;
il faut qu'il en prenne son parti, car ni les Congrès ni les traités ne
changeront quoi que ce soit à cela.

Est-il légitime, d'espérer que la fin du conflit gigantesque qui a mis
l'Europe en feu marquera l'avènement d'une paix durable pour le monde ?
Les pacifistes qui n'ont jamais manqué d'audace n'hésitent pas à l'affirmer. Oublieux du démenti cruel donné à leurs certitudes d'hier, ils
nous proposent déjà une nouvelle certitude pour demain. Le monde
dégoûté de la guerre se convertira à la paix perpétuelle, et je lisais récemment dans une brochure américaine que rien ne pouvait empêcher
les États européens de se constituer en Union sur le modèle des États-
Unis d'Amérique. Il est difficile de fermer plus résolument les yeux à
l'évidence, et de telles hâbleries, pour ridicules qu'elles soient, ne ren-
ferment pas moins le principe d'un danger. Elles peuvent abuser des
âmes simples (il y aura pourtant moins d'âmes simples en Europe à la
fin de cette guerre) et répandre dans les cercles les moins éclairés de
l'opinion cette idée que l'on a bien tort de ne pas confier les destinées
des nations à ces sages qui ont dans leur poche le moyen sûr d'éviter
la guerre et que les gouvernements sont vraiment bien oublieux de leur
devoir lorsqu'ils imposent aux peuples les lourds et perpétuels sacrifices
que nécessite l'armement d'un pays. Platon bannissait les poètes de
sa République, on pourrait au moins imposer le silence à ces faux amis
du peuple.

Par la force des choses, les nations engagées dans la lutte en sortiront
épuisées et auront besoin d'un long repos pour réparer leurs forces. Si
la présente guerre se termine par la défaite complète des Empires du
Centre, comme il faut l'espérer pour l'honneur de la justice et du droit,
une politique sage pourra en consolidant les rapports des Alliés leur
assurer le bénéfice d'une ère pacifique d'assez grande durée, mais encore
cela n'est qu'une simple espérance, et c'est la plus grande espérance
que l'on puisse raisonnablement entretenir. Après la guerre, les nations
se retrouveront face à face dominées par des intérêts divergents et toujours prêts à se heurter, de même qu'au lendemain d'une tempête le
vent et les vagues subsistent annonciateurs des tempêtes futures. Les
passions nationales ne seront pas moins âpres, elles le seront au contraire davantage, car il y aura probablement alors de plus grandes facilités d'agrandissement. Si l'Empire turc doit périr, on se battra sur son
cadavre. Pense-t-on que la question balkanique toujours si tendue se
réglera sans guerre nouvelle ? Il y a bien peu de chances pour qu'il en

soit ainsi. Puis il faut faire la part de l'imprévu, et l'imprévu est toujours gros de menaces sur l'échiquier international.

Notre devoir à nous est de dire très haut que la fin de cette guerre n'apportera aucune garantie nouvelle à la paix du monde. C'est la dure vérité, et les gouvernements qui ont certes accordé beaucoup trop de créance aux vaines déclamations pacifistes devront se garder à l'avenir de la même faute, car ils deviendraient criminels. Après cette guerre, d'autres guerres éclateront et l'humanité n'échappera pas à sa destinée séculaire.

Il y aurait également folie à croire que la défaite de l'Allemagne fera triompher la cause de la paix. Certes on peut penser, et je le pense, que la défaite de l'Allemagne sera un bienfait pour l'humanité et apportera un soulagement véritable à la conscience publique. Mais l'exemple donné par l'Allemagne agira dans le monde à la façon d'un poison. L'Allemagne fait la guerre la plus injuste qui se soit vue, d'autres l'imiteront et entreprendront des guerres tout aussi injustes, guerres d'autant plus fréquentes et terribles que l'exemple de cette même Allemagne a entraîné le monde entier dans la voie folle d'armements sans limites. L'Allemagne emploie dans l'action des moyens que la conscience humaine n'avait jamais admis jusqu'ici ; ces moyens, on en usera doré-navant. Il serait par trop naïf de penser par exemple que l'on ne se ser-vira jamais plus dans les batailles de gaz asphyxiants ou délétères. Le branle est donné, on n'arrêtera pas le mouvement. Ainsi le nom de l'Al-lemagne sera justement voué à l'exécration universelle, mais le mal sera fait et il subsistera. L'exemple du passé est trop probant à cet égard pour qu'il puisse subsister le moindre doute sur ce que l'avenir nous réserve.

Très souvent l'emploi d'engins nouveaux a soulevé la réprobation de la conscience publique. Des protestations indignées se sont élevées, des représailles ont été exercées, et cela n'a jamais empêché les armes nou-velles de prendre leur place dans les arsenaux. Lorsque l'on a com-mencé à user des armes à feu, l'Eglise elle-même a condamné cet usage et les capitaines, encore pénétrés de la loyauté qui animait la chevalerie, ont considéré comme lâches et manquant à l'honneur ceux qui frap-paient de loin un ennemi qu'ils n'osaient pas aborder en face. C'étaient de beaux sentiments et de bonnes interdictions ; on ne réussira pas plus contre les gaz asphyxiants que contre la poudre à canon. Pourtant il faut déplorer que cette guerre ait été la première où l'on se soit servi de poison. L'Allemagne portera le poids de cette infraction à l'honneur militaire.

Ce que nous devons marquer fortement ici, c'est que cette guerre, la plus formidable qui ait jamais été faite, est aussi la moins excusable de toutes. Elle n'avait aucune juste cause, aucun caractère de nécessité, elle est un attentat à l'indépendance de l'Europe tout entière. Elle nous apprend qu'il ne s'est produit aucun progrès dans les idées ni dans les mœurs, que le monde est toujours l'arène sur laquelle chacun ne peut compter que sur sa force pour la défense de sa vie.

L'effort de l'esprit a cependant engendré quelque chose sur ce terrain, et ce quelque chose est monstrueux. C'est la prétention de l'Allemagne à une supériorité générale par droit de civilisation plus avancée. Pour tout Allemand de notre temps l'Allemagne a une vocation naturelle à soumettre l'univers à ses lois. C'est la thèse pangermaniste, et l'on peut voir à l'heure actuelle que cette thèse pangermaniste, qui a fait sourire, était ancrée dans tous les cerveaux allemands.

Comment édifier une thèse pareille? Que les Allemands parlent sans mesure de leur science, de leur piété, de leur organisation, de leur morale, ce sont là flatteries pour le peuple, mais au demeurant de vaines paroles que toute autre nation pourrait aussi bien s'appliquer. Nous ne méconnaissons en France ni la valeur de la science allemande, ni la supériorité de l'organisation administrative et économique de l'Allemagne, mais cette science a des égales à l'étranger et cette supériorité fût-elle écrasante qu'elle ne donnerait pas aux Allemands un titre à s'emparer des terres de leurs voisins. Tout le reste est pure phraséologie.

Du milieu de ces hâbleries, deux faits se dégagent pourtant qui sont à la base de la confiance illimitée de l'Allemagne dans ses destinées. Ces faits sont l'accroissement considérable de la population allemande et la supériorité de son organisation militaire. Ces deux faits sont incontestables.

Le premier est extrêmement inquiétant pour nous. C'est chez nos voisins un proverbe que les quatre fils de la famille allemande ne feront qu'une bouchée du fils unique de la famille française. Et c'est une réalité également. Bien longtemps avant cette guerre nous avons dû nous en apercevoir. Trop de places sont vides en France, trop d'Allemands venaient les remplir protégés par l'article 11 du traité de Francfort. Nous assistions impuissants à une invasion pacifique plus sûre et moins périlleuse que l'invasion armée que nous avons arrêtée. C'est en effet une loi inéluctable qu'un pays à population dense déverse l'excédent de ses enfants sur des voisins plus riches et relativement moins nombreux. Cette loi pourra encore, si nous n'y prenons garde, nous créer de graves dangers dans l'avenir.

Mais il ne viendrait à l'esprit de personne de soutenir qu'une population plus dense appelle et légitime le fait de la conquête.

L'autre fait est ici plus important. Il est certain que l'Allemagne a préparé excellemment tous ses moyens de guerre. Elle se considère avec raison comme ayant dépassé de beaucoup tous les peuples de l'Europe dans le soin de cette préparation. Se croyant sûre de vaincre ses voisins, elle s'arroge le droit de les attaquer à son heure, et en dernière analyse cette raison est le fond même de toute sa philosophie. La supériorité de sa culture réside dans la supériorité de son armement, et cette supériorité dans l'armement est le seul titre qu'elle possède à ses prétentions de domination mondiale.

Dépouillée de tout artifice, la thèse allemande repose sur la simple possession de la force et tend à en permettre un usage illimité au détriment d'autrui.

Si l'on veut absolument donner à cette doctrine une formule scientifique il faut dire : la perfection de l'organisation militaire est le seul signe de la civilisation d'un peuple, elle autorise à étouffer les civilisations pourvues de forces militaires moindres. Entre hommes on dirait : la possession du plus long couteau est le signe de la plus grande valeur morale.

Même dans une société de brigands, une pareille philosophie ne serait pas acceptée, elle est antisociale au premier chef et contraire à l'essence même de la civilisation. L'honneur de la civilisation en effet a été de libérer les rapports des hommes de l'empire capricieux de la force. C'est pour arriver à ce résultat que la notion du droit individuel a été créée et que les intérêts légitimes des particuliers ont été placés sous la garantie de l'État. Dans la société des nations, l'esprit de civilisation tend à assurer le libre exercice de la souveraineté, à reconnaître la liberté de chacun dans les limites tracées par le droit international. L'apogée de la civilisation serait de soustraire la vie de l'État à toute influence d'une force extérieure, mais nous savons que cet idéal restera un idéal.

Tout cela, c'est exactement l'inverse des doctrines allemandes : celles-ci sont l'expression d'un état social dépourvu de tout esprit civilisateur. Cela est rigoureusement vrai, mais tout cela ne change rien à rien et n'empêche pas qu'il faut une force plus grande que la force allemande pour libérer l'humanité de la menace allemande.

Le droit est impuissant en face de situations semblables : sera-t-il plus puissant au jour que tous les honnêtes gens de toutes les nations doivent appeler de leurs vœux où la puissance allemande aura succombé sous le poids de son excès ? La Sainte-Alliance avait été fondée sur une espérance semblable ; on sait que son succès a été court. A quoi bon rêver de combinaisons nouvelles dans l'intérêt de la paix et du droit. L'histoire de l'humanité est assez grosse d'expériences de ce genre pour que l'on soit fixé sur leur valeur. Ne rêvons donc ni d'États-Unis d'Europe, ni de communauté internationale organisée, ni de Confédérations, ni de ligues. Les institutions ne portent pas en elles-mêmes leur vertu. Tout dépend des hommes et c'est des seuls chefs d'État que peut dépendre l'amélioration du sort des nations. Quelques traités d'alliance bien faits, quelques ententes habilement choisies et avant tout la volonté ferme de ne point laisser le monde à la discrétion d'un ambitieux, voilà les seules garanties que la paix puisse avoir. C'est bien mince et bien modeste, mais encore c'est tout ce que l'on peut rencontrer de réel dans ce domaine. La leçon de la guerre de 1914 ne sera pas perdue si elle apprend aux Rois et aux peuples qu'il ne faut pas par un amour inconsidéré de la paix laisser forger par un voisin dénué de scrupules les chaînes qui leur sont destinées.

Les Sources du Droit de la Guerre.

Lorsque le tumulte excité par cette guerre se sera apaisé, lorsque la
paix aura été signée, une grave question se posera à ceux qui par vocation ou par fonction s'occupent de droit des gens. Comment restituer à
cette discipline l'autorité dont elle a joui en temps de guerre, cette autorité que nous voyons complètement et systématiquement méconnue ?

C'est avant tout une question de méthode. Pendant très longtemps on
n'a attendu que de la seule coutume les progrès désirables dans ce
domaine. La science a frayé la voie. Elle s'est appuyée à ses débuts sur
le prestige des lois de la conscience. La première école qui se soit employée d'une façon régulière à définir les lois de la guerre fut celle des
Canonistes. Ses docteurs se demandaient ce que les Souverains et leurs
capitaines peuvent faire en conscience et sans commettre de faute devant
Dieu. Ils se demandaient si les Chrétiens peuvent faire la guerre, ils
s'appliquaient à déterminer avec exactitude les conditions d'une guerre
juste, ils ne donnaient qu'une place moindre à la considération de ce
qui est permis et de ce qui est défendu dans une guerre juste. Cependant il n'est que juste de remarquer que c'est à eux que sont dus les
premiers linéaments de la distinction essentielle des combattants et des
non combattants. Le célèbre Grotius après eux ne suivit pas d'autres
errements. Sa distinction de la loi naturelle qui autoriserait tout et de
l'autorité de la conscience qui limite au contraire sur tous les points la
liberté des belligérants prouve manifestement que la méthode de ce
grand jurisconsulte était celle de ses devanciers.

Plus tard la science s'est en quelque sorte laïcisée, et l'on a fait appel
pour l'accréditer à des raisons différentes, l'utilité commune des peuples
qui fait préférer la paix à la guerre, la pure logique qui réprouve les
actes inutiles, le sentiment de l'humanité issu de la nature même de
l'homme et sa proscription des cruautés inutiles, l'honneur et ses lois

absolues. On a obtenu ainsi une doctrine qui a exercé une influence sensible sur l'opinion et par là sur les usages de la guerre. Il est certain par exemple que la guerre ne se faisait plus à la fin du XIXe siècle comme au commencement du XVIIe à l'époque de la guerre de Trente Ans. Dans cet espace de trois siècles les lois de la belligérance et celles de la neutralité s'étaient peu à peu fait reconnaître.

Durant cette période on ne faisait pas de conventions relatives aux choses de la guerre, pas ou fort peu. Des accords limités à une seule guerre ou même à une seule action étaient passés entre les généraux, principalement touchant le sort des blessés, parfois sur la limitation du théâtre de la guerre (telles par exemple ces conventions qui excluaient des guerres entre la France et l'Empire les vallées forestières du pays rhénan); c'était à peu près tout. Au contraire, les droits des neutres étaient déjà fréquemment déterminés dans les traités. Il faut venir à la deuxième moitié du XIXe siècle pour trouver les premiers grands traités relatifs à la conduite des hostilités, la convention de Genève (22 août 1864) sur l'inviolabilité des blessés et du personnel sanitaire, la convention de Saint-Pétersbourg (11 décembre 1868) portant interdiction des projectiles explosibles de moins de 400 grammes; encore observerons-nous que ces traités ont chacun un objet très spécial.

Avec les Conférences de la Haye, la méthode a complètement changé, et nous avons assisté à la conclusion de quantités de conventions visant une réglementation détaillée du droit de la guerre, événement fort grave et qui n'a rendu que plus éclatant l'échec de cette réglementation sur le terrain pratique.

Au lendemain de la guerre, une question épineuse se présentera : faut-il maintenir ces conventions, sauf à essayer de les améliorer ; vaut-il mieux au contraire reconnaître franchement que l'on s'est trompé et revenir aux errements anciens, errements plus lents et plus timides mais qui ont eu ce bon effet de parvenir à la formation d'une coutume que les conventions de la Haye ont effacée sans la remplacer par rien d'effectif ?

On verra sans aucun doute le premier parti soutenu par bien des gens. Il est dur de reconnaître que l'on a édifié à grand bruit une œuvre inutile et il faut une grande modestie pour s'y résigner. Plusieurs avancent déjà que cette grande guerre détournera à jamais les peuples de la guerre ; il ne leur en coûtera pas davantage de soutenir que l'oubli complet du droit de la guerre promulgué à la Haye, au cours de cette campagne, est une garantie de l'observation scrupuleuse de ce même droit dans les guerres de l'avenir. Les Sociétés de la paix seront sûrement de cet avis : dans leur sein se rencontrent les esprits chimériques pour qui l'expérience ne compte pas et qui espèrent toujours que le monde se laissera guider dans l'avenir le plus prochain par leurs vaines illusions. On leur pardonnerait leur manie si elle était inoffensive, mais elle ne l'est pas. On prépare mal la guerre lorsqu'on la prépare avec l'arrière-pensée qu'elle n'aura pas lieu, et dans le sang versé sur le champ de bataille une part aurait été sauvée sans l'action funeste de la propagande pacifiste.

Nous sommes de ceux qui pensent que l'expérience a condamné les conventions de la Haye. Mais la question est ardue et notre sentiment demande à être solidement apprécié.

Lorsqu'on parla pour la première fois de la réunion des Conférences de la Haye, il ne fut pas question de la réglementation des lois de la guerre. La circulaire lancée le 24 août 1898 au nom du Tsar Nicolas II par le Comte Mouravieff assignait comme objet à la réunion projetée la recherche des moyens les plus efficaces d'assurer à tous les peuples les bienfaits d'une paix réelle et de mettre un terme au développement excessif des armements. Rien de plus louable que ces projets. Restait à savoir s'ils étaient susceptibles d'une réalisation quelconque.

Puis vint la circulaire du 11 janvier 1899, proposant un plan beaucoup plus ample et des thèmes nombreux relatifs au droit de la guerre proprement dit, c'est-à-dire aux droits et devoirs des belligérants au cours des hostilités. Parmi ces thèmes figurait la révision de la déclaration de Bruxelles de 1874 touchant les lois et coutumes de la guerre, déclaration qui, comme on sait, n'avait pas été transformée en convention. De tous les objets proposés c'est celui qui nous intéresse davantage.

La Conférence de 1899 aboutit, on s'en souvient, à la signature de trois conventions (règlement pacifique des conflits internationaux — lois et coutumes de la guerre sur terre — adaptation à la guerre maritime des principes de la convention de Genève) et à l'émission de trois déclarations (interdiction du lancement des projectiles du haut des ballons — interdiction des projectiles ayant pour but unique de répandre des gaz asphyxiants ou délétères — interdiction des balles qui s'épanouissent ou s'aplatissent dans le corps humain).

L'œuvre commencée en 1899 fut reprise en 1907. Cette fois il s'agissait de perfectionner les textes déjà adoptés et aussi d'ouvrir à l'activité des négociateurs de nouveaux champs (circulaire du Président Roosevelt du 22 octobre 1904, Note de la chancellerie russe du 29 mars 1906). La Conférence de 1907 groupa les délégués d'un très grand nombre d'États et elle aboutit à des résultats considérables en apparence au moins. Quatorze conventions furent signées sur lesquelles douze se rapportent aux rapports des belligérants entre eux ou avec les neutres. Ces conventions sont elles-mêmes très inégales ; la plus importante pour nous de beaucoup est celle qui concerne les lois et usages de la guerre sur terre, c'est aussi celle-là que nous considérerons surtout dans cette étude.

Ces conventions n'ont obtenu dans la guerre actuelle aucun respect. On peut en accuser le mépris systématique de l'agresseur pour toute loi susceptible d'entraver son action. Ce que nous avons à nous demander, c'est si dans d'autres circonstances elles auraient chance de trouver un sort meilleur, en d'autres termes si la conclusion de semblables traités peut être un bon moyen d'assurer l'observation de lois de la guerre.

La question doit être examinée au double point de vue des règles générales qui gouvernent l'effet des conventions diplomatiques et de la valeur des principes de droit qui ont été consacrés par lesdites conventions.

Lorsqu'une loi a été établie par le moyen d'un traité, il semble aux esprits peu initiés à la technique du droit que l'observation de cette loi est assurée et que rien ne compromettra désormais le progrès accompli.

La réalité est beaucoup moins brillante. Pour qu'une convention soit obligatoire il faut qu'elle ait été régulièrement conclue, qu'elle ait été mise en vigueur et que son autorité n'ait pas été détruite par l'un de ces événements qui mettent fin à l'effet obligatoire des actes de cette sorte.

De plus, au cours d'une guerre, un traité relatif à la conduite des hostilités ne s'impose à chacun des belligérants que s'il s'impose en même temps à tous les autres : il serait inadmissible en effet qu'une armée vit sa liberté d'action limitée dans de certaines bornes, alors que son ennemi échapperait à toute contrainte. C'est là un principe de bon sens, il a été justement rappelé dans la convention de la Haye touchant les lois de la guerre sur terre (art. 2).

Ces règles ne laissent pas de susciter ici d'assez grosses difficultés.

Un traité n'est obligatoire que s'il a été signé et ratifié. Ici il a été prévu que le code de la guerre élaboré à la Haye n'entrerait en vigueur que soixante jours après la ratification. Entre adversaires ayant depuis longtemps ratifié cet acte, cette condition n'est pas gênante, mais elle peut le devenir. Une grande guerre bouleverse tout autour d'elle, il n'est pas rare qu'elle entraîne dans un court délai des modifications politiques profondes. On peut supposer qu'une province de l'un des États belligérants se déclare indépendante et se joigne à un autre belligérant. Si la guerre présente se prolonge longtemps encore, il se peut que l'Arménie ou la Syrie ou encore la Transylvanie proclame son indépendance et se joigne aux ennemis de ses anciens maîtres. Aussitôt cette indépendance reconnue par eux, la convention de la Haye cesse d'être en vigueur parce qu'un nouveau belligérant a apparu qui n'est pas un signataire de cette convention et qui y adhérerait vainement, puisque cette adhésion mettrait soixante jours à produire son effet. Par l'effet de ce simple événement, toutes les garanties stipulées à la Haye s'effondreraient d'un seul coup.

Ceci n'est encore qu'une question éventuelle, mais en voici une autre très actuelle, à laquelle personne parmi les intéressés ne paraît avoir songé. On se rappelle que la convention sur les lois et coutumes de la guerre sur terre a été faite en 1899 et refaite en 1907. Il y a eu deux conventions successives avec des différences de texte assez nombreuses, comme c'est naturel. La convention de 1899 a été ratifiée par tous les belligérants actuels, celle de 1907 ne l'a pas été par la Turquie, la Serbie, le Monténégro, la Bulgarie, l'Italie. Quelle est la condition des armées en présence au point de vue qui nous occupe ? On ne l'aperçoit pas facilement.

Il paraît certain que la convention de 1907 n'est pas obligatoire pour les belligérants. N'obligeant pas les cinq Puissances ci-dessus mentionnées, elle n'oblige pas davantage les autres belligérants.

Dira-t-on que la convention de 1899 est demeurée en vigueur ? Cette solution est fort difficile à soutenir. Pour toutes les puissances belligérantes, qui ont signé et ratifié l'acte de 1907, la convention de 1899 a été remplacée par celle de 1907; la première n'existe plus et nous ne connaissons aucun principe de droit qui permette d'avancer que la paralysie de la convention de 1907 a rendu à la convention de 1899 sa vigueur disparue.

Personne ne soutiendra que parmi les belligérants les uns devront suivre le texte de 1899 et les autres celui de 1907. Cela contrarierait la notion essentielle de l'égalité des belligérants et le texte même de ces conventions.

Quel est donc le droit réellement en vigueur? Les usages de la guerre et rien de plus.

On invoque chaque jour la convention de la Haye (1). Qui se doute de ce fait incontestable qu'elle n'a jamais été en vigueur depuis l'origine de la guerre actuelle? Et cependant c'est ce même droit international qui donne aux conventions leur valeur qui prononce ici l'inefficacité de la convention de la Haye.

Une autre faiblesse est encore à signaler. Nous avons mentionné plus haut le nombre élevé des conventions souscrites à la Haye. Toutes n'ont pas pour objet la conduite des belligérants au cours des hostilités, mais plusieurs poursuivent cet objet. A côté de la convention générale relative aux lois et coutumes de la guerre sur terre, on trouve des conventions particulières sur la pose des mines sous-marines, sur le bombardement par des forces navales, une déclaration interdisant le jet des projectiles du haut des ballons, une autre déclaration datant de 1899 qui condamne l'usage des gaz asphyxiants ou délétères. Toutes ces conventions sont indépendantes les unes des autres, toutes n'ont pas été signées et ratifiées par les mêmes puissances. Qu'une guerre éclate entre sept ou huit États comme la guerre actuelle et l'on aperçoit la confusion qui se produira. Comment régler séparément les rapports de ces belligérants et le droit qui les gouverne? Leurs actions hostiles ne sont pas elles-mêmes séparées. Il en résultera que ces conventions accessoires deviendront inapplicables et inutiles au moment même où l'on pensait pouvoir compter sur leur action.

(1) On voit invoquées dans des publications officielles et dans des jugements de prises les diverses conventions de 1907, alors que les textes mêmes de ces conventions démontrent qu'elles ne sont pas applicables à la guerre présente où tous les belligérants ne sont pas parties aux dites conventions. Comment expliquer cette anomalie?

Comment ces graves difficultés n'ont-elles pas été prévues à la Haye ?

On voit combien il est malaisé de faire fonctionner des conventions semblables et quels obstacles on rencontre dans le droit propre aux conventions. Cette vue est déjà de nature à nous faire soupçonner que les traités ne sont peut-être pas le moyen pratique capable d'assurer un résultat dans cet ordre d'idées et que, loin de constituer un progrès sur la simple observation de la coutume, la conclusion des traités a marqué une rétrocession dans le développement du droit de la guerre.

Cette même idée s'impose avec une force bien plus grande si l'on considère l'extrême fragilité des traités de ce genre. On a pensé combattre cette fragilité en les faisant perpétuels et en stipulant que la dénonciation qui en serait faite ne produirait son effet qu'après un an. Mesure vaine et souverainement imprudente. Elle ne peut avoir d'autre conséquence que de rendre de pareils instruments encore plus fragiles. On ne les dénoncera pas sans doute, mais on invoquera le changement des circonstances et la clause *rebus sic stantibus* qui fournira un prétexte commode à la mauvaise foi. Le danger ici provient de ce que l'on ne peut pas éliminer la clause *rebus sic stantibus* ; cette clause a un sens raisonnable, on ne peut pas s'en passer, dans nos traités peut-être moins encore qu'ailleurs. Il est évident que, lorsqu'une guerre se poursuit par des moyens nouveaux et dont auparavant on ne soupçonnait pas l'importance, les prescriptions établies en vue de l'ancien état des choses ne conviennent plus. Il faudrait modifier le traité, on ne le peut pas au cours des hostilités. Alors on soutient qu'il est incompatible avec les nécessités de la guerre actuelle et on l'abandonne. Nous ne ferons qu'un exemple. Nul ne soupçonnait il y a un an l'action que les sous-marins poursuivraient contre la marine du commerce : il est évident que les anciennes règles touchant la capture des navires de commerce ne peuvent plus être suivies. Si ces règles sont inscrites dans une convention, cette convention tombe forcément et elle tombe tout entière. Si elles résultent de l'usage, l'usage peut être modifié dans la mesure nécessaire, et il garde au moins la vertu de condamner absolument les excès auxquels se sont livrés les sous-marins allemands.

Ce danger n'est pas le seul qui menace les traités de cette sorte. Il en existe un autre encore plus grave, si grave à la vérité que l'on n'aperçoit pas le moyen d'y parer. La convention relative aux lois et coutumes de la guerre a une soixantaine d'articles, elle comprend quantité de préceptes différents, elle constitue un véritable petit code de la guerre. Il est impossible que dans le désordre de l'action hostile certaines de ces proscriptions minutieuses ne soient pas enfreintes. Or dès qu'une infraction est constatée l'adversaire a le droit de ne plus respecter la convention. C'est là une règle essentielle à tous les contrats et à tous les traités. L'obligation de chacun a pour condition et pour cause l'obligation des autres. Que l'un de ces derniers viole ou néglige quelque règle qu'il avait promis d'observer, l'obligation du premier disparaît du coup et toutes les parties contractantes recouvrent leur entière indépendance. Quel traité résisterait à cette cause de dissolution ? Même entre adversaires loyaux et de bonne foi on peut la dire toujours ouverte ; à plus forte raison en est-il de même en présence d'un ennemi qui a fait du mensonge un de ses grands moyens de guerre. Sur ce point éclate encore l'illusion de ceux qui ont rédigé les conventions de la Haye. Ils ont cru donner une nouvelle force au droit de la guerre, ils ont en réalité sapé et renversé son autorité. Une convention n'est ni un code de lois, ni un recueil d'usages, c'est un tout, c'est un ensemble de règles qui, comme les pierres de l'arche d'un pont, ne subsistent droites qu'en s'appuyant les unes sur les autres. Qu'une pierre vienne à manquer et tout s'écroule. Or ici il est impossible qu'une pierre ne vienne pas à manquer. De toutes les faiblesses de la convention de la Haye, celle-là est encore la principale. On ne conçoit pas qu'une série aussi complexe de règles soit uniformément observée par tous les belligérants et que ceux que ces règles gênent n'aient pas de fréquentes occasions de prétendre que quelqu'une de ces règles a été violée et que l'obligation de respecter le traité n'existe plus. Au contraire les éléments d'une coutume ne sont point unis par des liens semblables. Si la coutume a été violée sur un point, il y aura lieu à représailles, mais le reste de la coutume ne tombera pas.

Il faut encore noter ici que la pluralité des belligérants viendra compliquer les choses. Ainsi, dans la guerre présente, des peuples alliés luttent contre d'autres peuples également alliés entre eux. Une armée viole la convention. Portera-t-elle seule la responsabilité de cette violation ou bien ses alliés sont-ils exposés à souffrir aussi de l'inobservation de cette convention par mesures de représailles ? Inversement, ces représailles peuvent-elles être exercées par le seul État au préjudice duquel la convention a été violée ou peuvent-elles l'être également par les alliés de cet État ?

Ces questions sont inévitables. Elles dérivent de la nature même de cet acte que l'on appelle un traité ; partout où existe un acte de cette sorte, elles peuvent se présenter et en temps de guerre plus facilement qu'en temps de paix, parce qu'à la guerre la liberté est plus précieuse et parce que les excès eux-mêmes peuvent donner à leur auteur un avantage qu'un adversaire loyal et prudent ne subira pas sans en revendiquer aussi pour son compte le profit.

Lorsqu'on a rêvé de donner par le moyen de grandes conventions une charte à la guerre, on n'a point prévu ces nombreuses et grandes difficultés, ou si quelqu'un les a entrevues, il s'est tu. C'est qu'une aussi grande entreprise une fois mise en branle devait à tout prix aboutir. Il ne fallait pas qu'elle échouât sur des subtilités juridiques. Malheureusement les subtilités juridiques ont leurs revanches. Elles ne sont après tout que l'écho des nécessités de la vie et, si on les méprise, elles s'en vengent en ruinant d'un seul coup l'œuvre même la plus majestueuse.

En fait, dans cette guerre, les Empires du Centre n'ont pas attendu même la décision de la Turquie pour fouler aux pieds les conventions de la Haye. Ils l'ont fait simplement parce que ces obligations qu'ils avaient acceptées pouvaient gêner l'action de leurs armes et avec cette arrière-pensée que des peuples appelés à civiliser le monde n'ont pas à s'embarrasser des engagements susceptibles de les gêner dans l'accomplissement de leur mission. Nous ne dirons pas que l'Allemagne a ignoré les conventions de la Haye qu'elle a constamment méconnues. Elle se les rappelle fort bien au contraire, quand il est de son intérêt de se les rappeler, et récemment elle proposait gravement aux États-Unis de soumettre à la Cour de la Haye la question des dommages du *Lusitania*. Le Président Wilson a dû apprécier à sa valeur ce trait de Gemüth germanique.

Les observations qui précèdent ont montré que des conventions telles que celles de la Haye et particulièrement telles que la grande convention sur les lois et coutumes de la guerre ne peuvent pas se prêter à une application régulière et durable. Même si l'un des adversaires ne les foule pas délibérément aux pieds comme dans le cas présent, des incidents se produiront qui feront rejeter leur autorité. Leur grande faiblesse est dans le lien intime qui unit leurs dispositions et qui fait que, l'une d'elles venant à être paralysée, toutes tombent du même coup. On peut dire de ces conventions qu'elles sont condamnées avant même d'entrer en action. L'inefficacité des conventions de la Haye a eu un contre-coup fâcheux sur d'autres traités qui jusqu'ici avaient eu un meilleur sort. La convention de Genève de 1864, refaite en 1906, s'est vue elle aussi méprisée et la licence des combats s'est étendue à ce domaine que l'on avait tenu jusqu'ici pour sacré. La Croix-Rouge n'est plus une protection, les Allemands ont maintes fois massacré des blessés sur les champs de bataille, les évacuations sont bombardées, les médecins retenus prison-niers. Cependant la convention de Genève était bonne, elle n'intéresse pas les hostilités, l'expérience a montré qu'elle peut fonctionner, toutes les puissances l'ont souscrite. Elle a été entraînée dans la méconnais-sance générale dont le droit conventionnel de la guerre a été la victime.

Nous en dirons autant de la convention de Saint-Pétersbourg de 1868, également renouvelée depuis. Les balles explosibles qu'elle condamne ont été en usage dans l'armée allemande. Tous nos chirurgiens le savent. Et ainsi la guerre est devenue plus barbare qu'elle ne l'avait jamais été.

Les conventions de la Haye relatives à la conduite des hostilités demandent encore à être examinées au point de vue de la valeur des prescriptions qu'elles contiennent. Cet examen nous montrera qu'il est difficile de bien faire lorsque l'on veut faire aussi grand.

Tout d'abord, une question générale sur l'autorité morale des actes de la Haye. Cette autorité paraît très considérable. Les règles adoptées dans ces Conférences, qui réunissaient (celle de 1907 surtout) des repré-sentants de la presque totalité des États civilisés, ne sont-elles pas l'ex-pression des sentiments et des opinions du monde entier, et, parce qu'en matière de traités la loi de l'unanimité est la loi invariable, n'est-on pas fondé à dire que ces prescriptions ont été voulues par tous les États, qu'elles sont de l'aveu de chacun d'eux les formules les plus propres à réglementer les rapports des belligérants ? Quelle autre autorité est comparable à celle-là et comment expliquer, sinon par une sorte de coup de folie, que des lois aussi augustes n'aient pas été obéies ? Ceci n'est qu'une apparence et une sorte de prestige, et dans la réalité la loi de l'unanimité n'a pas eu cette signification. Des travaux aussi amples que ceux de la Conférence de 1907 par exemple ne peuvent pas être accom-plis dans une assemblée plénière de quarante-quatre délégations — il n'y en avait pas moins — comprenant chacune plusieurs membres. Il a fallu diviser le travail. On a constitué des Commissions, des sous-Com-missions, des Comités d'examen. C'est au sein de ces groupes plus limi-tés que le travail a été fait et, qu'on le note bien, dans l'intérieur de ces groupes, quand on recourait à un vote, on suivait la règle de la décision par la simple majorité. En feuilletant les énormes volumes des procès-verbaux des travaux de la Conférence, on trouve facilement des dispositions adoptées d'abord à une petite majorité et en présence d'un nombre important d'abstentions qui, en fin de compte, à l'assemblée plénière, ont recueilli l'unanimité. Comment une délégation a-t-elle pu voter oui, alors que son représentant au sein de la Commission qui a élaboré le texte avait voté non ? Comment le travail a-t-il pu être préparé dans des groupes où toutes les délégations n'étaient pas représentées ?

On a procédé là comme on procède dans une Académie qui a un prix à donner. Une Commission examine les titres des candidats et la Compagnie ratifie purement et simplement les décisions de sa Commission. C'est une procédure très sage tant qu'il ne s'agit que de récompenses à distribuer. Quand il s'agit de donner des lois au monde, c'est autre chose, et on est obligé de penser qu'ici la loi de l'unanimité a été tournée grâce à des artifices de procédure. Un texte ainsi obtenu ne démontre nullement l'existence d'une opinion unanime des gouvernements, il n'a pas d'autorité véritable et l'on ne doit pas s'étonner trop de le voir négligé. En réalité, s'il a été adopté, ce n'est pas qu'il répondît à la conviction de tous, c'est parce que l'échec d'une tentative aussi grande aurait eu un énorme retentissement. Les choses vont-elles mieux à cette heure où l'on voit ce texte impuissant en face de la brutale réalité ? Le jour où l'on voudra préparer une convention sérieuse et efficace touchant les lois de la guerre, cette convention devra être discutée tout entière en assemblée plénière et il sera nécessaire de n'en arrêter les termes qu'après avoir sur chaque point pris l'avis des généraux qui ont fait la guerre et en connaissent les nécessités.

Passons à la critique des dispositions elles-mêmes.

Le règlement annexe à la convention sur les lois et coutumes de la guerre sur terre comprend un très grand nombre de dispositions de caractère impératif. Les divers objets auxquels s'est étendu le travail des rédacteurs sont assez inégalement traités et à ce qu'il semble sans grand discernement, ni heureuse proportion. Ainsi la Conférence a traité avec attention les conditions de légitimité des francs-tireurs et de la levée en masse. C'est que la Conférence de Bruxelles dont elle prétendait continuer l'œuvre avait étudié avec grand soin cette matière qui était actuelle en 1874 et qui ne l'était plus en 1907. Entre ces deux dates, en effet, les États européens avaient singulièrement étendu la portée de leurs institutions militaires, s'appliquant tous à faire rentrer dans l'armée régulière la totalité de la population valide. Même les États les moins

militaires, ceux que leur neutralité devrait protéger, ont adopté cette
méthode qui a été poussée à ce point de rigueur que l'on nous rapportait
récemment que l'Italie avait refusé d'autoriser la formation d'un corps
franc garibaldien.

Dès lors la question des corps francs ne présente plus d'intérêt, celle
de la levée en masse pas beaucoup plus. Par contre on peut se demander
si la condition du port de l'uniforme, qui était si habituelle dans l'armée
régulière que nos textes n'en font même pas mention, pourra être main-
tenue dans les énormes masses d'hommes actuellement appelées sous
les drapeaux et si, à défaut d'uniformes complets qu'il est impossible de
leur donner, ces hommes sont astreints à ce signe fixe et reconnaissable
à distance que les francs-tireurs doivent porter ou si le seul armement
marque d'une façon suffisante leur qualité. On aurait pu prévoir la question à la Haye, car les lois militaires nouvelles étaient promulguées au
moment de la Conférence et leurs conséquences n'avaient déjà plus rien
d'hypothétique.

Le chapitre des moyens de nuire à l'ennemi compte parmi les plus
importants. On y voit reproduites les interdictions que formulait déjà la
doctrine ; souvent elles ne sont pas conçues dans une forme assez pré-
cise et serrée. Que doit-on entendre dans l'article 23 par la prohibition
des projectiles propres à causer des maux superflus ? La détermination
du point où le mal négligé devient superflu est bien délicate ; il semble
que l'expression de souffrances inutiles eût été meilleure. La gravité du
mal a une importance à la guerre ; l'acuité de la souffrance n'en a pas, à
moins que l'on n'adhère à cette doctrine allemande qui compte sur l'horreur causée par le spectacle de la souffrance comme sur un moyen légitime de s'assurer le succès.

On ne doit pas bombarder les villes non défendues (art. 25). Cela
paraît tout dire, et cela ne dit rien du tout. Ce que l'on a voulu exprimer,
c'est qu'une ville non fortifiée ne peut être bombardée qu'au moment où
on lui donne l'assaut. C'est ainsi que l'on entendait la prohibition, c'est
ce que l'on a voulu dire, mais on ne l'a pas dit et l'équivoque de la formule lui fait perdre tout sens. Les villes de Reims, de Soissons sont-
elles non défendues ou défendues dans le sens de la formule ? On n'en
sait rien.

Depuis longtemps on a demandé que certains monuments fussent
épargnés dans un bombardement. L'article 27 a accueilli cette demande,

mais sous une restriction qui en compromet tout l'effet. Il faut que ces
monuments ne soient pas utilisés pour des fins militaires. Alors, lorsque
les Allemands ont soulevé l'indignation du monde civilisé en tirant sur
la cathédrale de Reims, ils ont revendiqué leur acte en disant qu'un
observatoire avait été établi sur une tour de la cathédrale. En fait c'était
un mensonge de plus, mais peut-on discuter la vérité d'une allégation
pendant la durée d'un bombardement ?

De même la déclaration de 1899 interdisant l'usage des gaz asphyxiants
ou délétères ne vise que les projectiles ayant pour but exclusif de répandre de pareils gaz. Si l'armée qui en use compte aussi sur l'effet
destructeur de l'enveloppe extérieure, elle a toute liberté. Cela condamne
les vagues ou nuages de gaz, mais non les obus chargés de substances
vénéneuses. En cela la règle nouvelle est moins humaine que l'usage
ancien qui prohibait l'usage du poison sous quelque forme que ce fût.

Une remarque semblable peut être faite au sujet de la déclaration qui
réglemente l'emploi des mines sous-marines. Cette réglementation est
minutieuse et sage, il serait souhaitable qu'elle fût observée. Malheureusement une latitude dangereuse est laissée aux États qui déclareraient
n'être pas en mesure de se conformer à ses prescriptions. Une pareille
réserve prive la déclaration de toute autorité réelle.

N'insistons pas sur ces remarques de détail, car nous devons marquer
surtout le grand défaut de la convention de la Haye. Elle est tout à fait
insuffisante quant à la protection des non-combattants. La séparation
des combattants et des non-combattants forme le fond même du droit
moderne de la guerre : l'immunité revendiquée pour ceux-ci constitue
la règle capitale de ce droit. Or, par un singulier oubli, le règlement
qui édicte des mesures de sauvegarde pour les non-combattants en
territoire occupé demeure muet quant à la condition de ces mêmes non-
combattants avant l'occupation ennemie, pendant la période de l'invasion. Or, c'est précisément au moment de l'invasion, pendant que la lutte
dure encore, que la vie, l'honneur et les biens des non-combattants sont
plus exposés. On peut parler des excès monstrueux commis par les
troupes allemandes lors de l'invasion de la Belgique et du Nord de la
France. Ils ont été contrôlés dans une enquête assez sérieuse pour que
ceux-là mêmes qui affectent de tout révoquer en doute (probablement
pour aider les coupables dans leur défense) doivent en convenir. Les
Allemands peuvent prétendre que ces excès n'étaient pas interdits par
la convention de la Haye. Que si on leur objecte que l'intention de la

Conférence était de réprouver de pareils excès, qu'on en trouve la preuve dans les débats, ils répondraient que l'on n'est obligé qu'à ce qui est écrit et qu'un général ne peut pas aller chercher dans des in-folios les règles qu'il doit suivre.

A lui seul cet oubli réduit à bien peu de chose la valeur de l'acte de la Haye.

Ces critiques ne sont pas les seules qui puissent être faites et même, sur les points les plus soigneusement traités, il n'est pas rare de constater soit un excès de zèle bien périlleux, soit des oublis regrettables. Une convention particulière interdit le bombardement des ports de commerce. L'idée est soutenable, mais le texte ajoute que l'interdiction subsistera même au cas où ces ports se seraient protégés par des ceintures de mines. Cela n'est-il pas excessif, et pense-t-on que l'amiral se laissera enfermer dans ce dilemme de renoncer à toute action contre un port de l'ennemi ou de s'exposer à perdre sa flotte ? L'amiral négligera la convention et vraiment on ne pourra pas le lui reprocher. Le traitement des prisonniers de guerre est parmi les matières les plus soigneusement étudiées par la Conférence. Les conventions, celle de 1907 par exemple, y consacrent de nombreuses dispositions. Et cependant que de lacunes ! Les Alliés savent actuellement que leurs soldats prisonniers de l'ennemi reçoivent une nourriture toujours insuffisante et souvent infecte. Les témoignages des grands blessés rapatriés sont unanimes sur ce point, unanimes aussi à déclarer que leurs blessures y sont bien soignées. Quel remède la convention apporte-t-elle à ce mal pourtant fort grave ? Elle énonce que les prisonniers devront être entretenus sur le même pied que les soldats de l'État au pouvoir duquel ils sont tombés. La formule est bonne, mais comment la faire observer ? Les Sociétés de secours n'ont ni la liberté de bien voir, ni le pouvoir de se faire entendre, et, malgré les efforts dépensés, les choses sont à cet égard plus mal qu'elles ne l'ont jamais été.

Je n'entends pas tirer de ces critiques, qu'il serait aisé de multiplier encore, cette conclusion que les hommes qui ont rédigé le texte des résolutions adoptées à Bruxelles en 1874, à la Haye en 1899 et en 1907 ne connaissaient pas leur métier, pas davantage qu'ils ont manqué de zèle ou d'attention. Ce que j'entends dire, c'est que des conventions de ce genre sont impossibles à bien faire. Elles prétendent réglementer par le menu la conduite des belligérants, tentative vaine et illusoire. Une guerre implique tant d'actions diverses pratiquées au milieu de tant de circonstances, réparties sur un espace de temps si long, qu'il est au-dessus des forces humaines d'agencer un texte qui réponde à toutes ces nécessités.

De là des oublis, des erreurs, des formules dont on attend du bien et dont un mal résultera. Tout cela est inévitable, et il serait certainement plus sage ou de ne point faire de conventions du tout, en laissant à la coutume son autorité traditionnelle, ou, si l'on veut à toute force faire une convention, se borner à quelques principes très généraux en abandonnant à la loyauté de chacun le soin d'en tirer les conséquences.

Mais ces défauts de rédaction ont aussi une autre cause. Quoi qu'on fasse, il y aura toujours un marché dans toute convention, et lorsque des prétentions ambiguës viennent à surgir on est fatalement porté à esquiver la difficulté soit en faisant part dans un même texte à des doctrines contraires (ce qui réserve de pénibles surprises à l'interprète), soit en se réfugiant dans quelques formules équivoques et dangereuses. C'est à ce prix que l'on conclut les conventions de ce genre. Mais est-il bien nécessaire de les conclure et ne vaudrait-il pas mieux s'abstenir ?

La cause des défenseurs de l'œuvre de la Haye a une autre raison. Un traité peut stipuler en même temps que des règles à suivre les sanctions qui seront encourues au cas où lesdites règles ne seraient pas obéies. C'est une supériorité relativement aux usages qui ne connaissent que la sanction brutale des représailles. Ainsi la Conférence de 1907 a établi que toute contravention à ses dispositions ouvrirait un droit à indemnité. On a souvent célébré cette disposition comme un progrès notable. J'en suis encore à demander comment elle pourrait avoir une efficacité quelconque. Ce n'est sans doute pas au cours de la guerre elle-même que l'on prétend faire valoir ce droit éventuel à une indemnité. On ne voit guère des adversaires posant leurs armes pour aller débattre devant un tribunal l'étendue de leurs responsabilités.

Sera-ce après la guerre, au moment du traité de paix ? Quelle justice espérer alors ? Le vainqueur fera grand état des infractions qu'il prétendra avoir été commises à son préjudice et se fera de ce chef allouer de copieuses indemnités. Quant au vaincu, il n'osera pas même élever la voix dans ce « jugement de cour » dont il ne sortirait que noirci.

Tout cela nous semble encore illusion pure.

La question du maintien ou de la dénonciation des conventions de la

Haye relatives au droit de la guerre est des plus embarrassantes qui soient. Dans l'intention de leurs promoteurs, les Conférences de la Paix devaient former une suite presque indéfinie de réunions périodiques dont chacune donnerait des lois nouvelles pour le bien de l'humanité. Ils n'ont aperçu ni la fragilité de leur œuvre, ni les complications qu'elle entraînerait, ni la peine qu'ils auraient à la faire fonctionner. Ces défauts sont sans remède, ils tiennent à la nature même de toute grande convention, à chaque tentative nouvelle ajoutant un texte de plus aux textes existants, ils ne peuvent que s'accentuer. Persistera-t-on cependant à conclure des conventions semblables? Peut-être... il est si difficile d'avouer que l'on s'est trompé.

III

Les Effets Juridiques de l'État de Guerre.

La guerre n'a pas l'unique effet de substituer un état d'hostilités à la paix auparavant existante. Elle produit dès le moment où elle survient une transformation profonde dans les rapports réciproques des belligérants et aussi dans la condition des puissances demeurées étrangères à la lutte. N'est-elle pas en effet la source des droits et des devoirs de la neutralité ? Entre belligérants cette transformation a été aperçue de bonne heure et tout d'abord exprimée dans une formule absolue, trop absolue même pour être complètement vraie : la guerre détruit et rend impossible tout lien de droit entre les belligérants. C'est l'idée d'une séparation complète. Elle a pour première suite le rappel des ambassadeurs. Leur départ était dans l'usage entouré de toutes les formes de la courtoisie, seuls les Turcs se permettaient quelquefois de jeter en prison les ministres de leurs ennemis. Il a fallu la guerre actuelle pour nous révéler des peuples assez peu soucieux de leur honneur pour laisser injurier des ambassadeurs rappelés suivant les formes du droit, assez pleins de goujaterie pour exiger de l'ambassadeur de France le prix de sa place en chemin de fer. On renvoie réciproquement les ambassadeurs parce qu'on ne veut plus entretenir de relations avec son ennemi ; pourtant, dans une certaine mesure au moins, ces relations demeurent nécessaires et les envoyés de puissances neutres acceptent le rôle d'intermédiaires de l'un à l'autre des belligérants.

De même, la rupture des traités existant entre les États devenus des ennemis est la conséquence du nouvel état de séparation créé par la guerre, conséquence relative également et n'ayant jamais rien de complet. Tous les traités auxquels les belligérants sont parties ne sont pas rompus par la guerre, il est même fort difficile de savoir par rapport à quels traités cette rupture se produit. C'est un point auquel nous reviendrons.

La survenance d'une guerre a encore un contre-coup sur la condition des personnes habitant le territoire de l'ennemi, sur leurs biens et

8

sur les rapports que peuvent avoir entre eux les sujets appartenant à
des Puissances en état de guerre. Dans ce domaine surtout se révèlent
les effets juridiques de la guerre ; là aussi les difficultés surgissent,
nombreuses, délicates ; il s'en faut qu'elles puissent à l'heure actuelle
être considérées comme résolues.

L'idée de rupture de tout lien de droit entre les belligérants aurait
pour conséquence stricte de mettre à l'absolue discrétion de l'État les
sujets de l'ennemi trouvés sur son territoire au moment de l'ouverture des
hostilités ; en réalité, ces gens seraient des outlaws, ne possédant aucun
droit, incapables d'en acquérir, abandonnés à la merci du Souverain qui
leur donnait l'hospitalité. Leurs biens ne leur appartiendraient plus,
aucuns rapports sanctionnés par la loi ne pourraient exister entre eux
et la population dans le sein de laquelle ils vivent ; plus généralement
tout droit serait rompu et aucun droit ne saurait naître au profit de personnes appartenant à des États actuellement en guerre.

Ces conséquences absurdes font voir qu'il est impossible d'accepter
telle quelle l'idée d'absence de droit dont elles dérivent. Aussi bien,
personne dans la doctrine ne l'a-t-elle jamais complètement faite sienne,
et les auteurs qui, à l'exemple de Grotius, croyaient devoir aux principes
d'adopter cette idée sans restriction, s'empressaient-ils d'en corriger les
effets en invoquant l'autorité de la morale et celle de la religion. La
science moderne s'est appliquée au contraire à réduire de plus en plus
le domaine de ces idées, tendant évidemment à l'avènement d'un état
social dans lequel les ruptures d'ordre juridique occasionnées par la
guerre seraient ramenées à leur minimum et seulement tolérées dans la
mesure où elles paraîtraient nécessaires à l'action hostile. Sous l'influence
de ces doctrines, on admettait volontiers les étrangers ennemis à demeurer sur les terres de l'adversaire de leur patrie, pourvu que leur
conduite fût parfaitement innocente, voire même à y jouir des droits
qui sont concédés aux étrangers amis. On se souvient encore des protestations indignées de la science allemande contre les décrets d'expulsion
des sujets allemands pris en 1870 par le gouvernement français. Elle
ne voulait pas admettre qu'un danger résultât pour nous de la présence
d'un groupe aussi important d'ennemis dans nos villes, à Paris surtout.
L'expérience a montré depuis que nos craintes n'étaient point vaines, et
je doute que de pareils reproches soient jamais formulés à nouveau.
De même, la propriété privée des ennemis était déclarée inviolable et, en
France même, on ne mentionnait pas, sans une certaine confusion, les
décrets de confiscation pris sous le premier Empire contre les Anglais

possédant des biens en France. On ne pensait pas que l'interdiction de commerce pût s'étendre au delà de ce que prescrit le soin de la défense du pays, et on enseignait volontiers que les seuls traités rompus entre adversaires sont ceux qui supposent un état de paix et de confiance mutuelle chez les contractants. Tel était l'esprit de l'école la plus récente. On le voit orienté vers deux directions, le désir de limiter toujours plus étroitement les maux causés par la guerre, le besoin de se conformer plus fidèlement à la célèbre maxime que la guerre a lieu entre États, non entre particuliers.

Quelques mois de guerre ont relégué ces doctrines au rang des pures chimères. Elles sont tombées d'un seul coup parce qu'elles ne correspondaient à rien de réel. Plus nous allons et plus il paraît évident que l'action de l'État dans la guerre comprend et absorbe toutes les activités particulières. Grâce au service obligatoire, les armées englobent toute la population masculine valide des pays belligérants ; par suite de l'énorme bouleversement social qu'elle entraine, la guerre réclame et employe toutes les forces vives de la nation ; avec l'extension indéfinie des moyens de nuire, elle commande de ne rien négliger de ce qui peut contribuer à la victoire. De là des précautions minutieuses se sont imposées qui ont sensiblement modifié la condition des personnes. Un décret a été rendu le 2 août 1914 concernant les mesures à prendre à l'égard des étrangers résidant en France (1). Les Allemands ou Austro-Hongrois trouvés en France au moment de l'ouverture des hostilités ont été laissés libres de rejoindre leur pays, sans qu'il ait été fait d'exception pour ceux qui étaient appelés à servir sous les drapeaux ennemis. Ceux qui sont restés chez nous ont dû se rendre dans les lieux désignés par l'autorité, à moins qu'un permis de séjour ne leur ait permis de garder leur ancien domicile. En même temps tout étranger a dû faire une déclaration et donner les preuves de sa nationalité véritable. Ce sont là des mesures de police nécessaires, principalement en France, où l'affluence de la population étrangère a toujours fourni des facilités scandaleuses à l'espionnage. Ce sont aussi des mesures très modérées, et on ne peut même pas les comparer à l'usage allemand d'emmener en captivité la population des pays occupés susceptible de porter les armes.

Le soin de la chose publique a conduit à prendre aussi des mesures de protection contre certains Français, ceux qui doivent leur qualité à une naturalisation, lorsqu'il est démontré qu'elle ne leur a pas fait per-

(1) V. ce texte dans la *Revue générale de droit international public*, t. **XXII** (1915), Documents, p. 7 ; Dalloz, *Rec. pér.*, 1914.4.76.

dre la nationalité à laquelle ils disaient avoir renoncé. Une loi a été portée le 7 avril 1915 (1) qui permet d'annuler cette naturalisation évidemment frauduleuse. Il apparaît en effet que fort souvent des personnes suspectes se servent de la naturalisation uniquement comme d'un moyen d'échapper aux justes rigueurs du droit. Grâce à cette loi du 7 avril 1915, les naturalisés ayant possédé la qualité de sujet d'un État ennemi pourront être déchus de leur qualité de Français ; et, dans un certain nombre de cas limitativement énumérés par l'article 1er, cette déchéance sera obligatoire. C'est une loi de circonstance, et il est prévu (art. 7) que ses effets ne se produiront que jusqu'à l'expiration d'une période de deux ans après la cessation des hostilités. Ainsi pourront être atteints les sujets de l'ennemi qui n'avaient sollicité la nationalité française que pour dissimuler plus aisément leurs machinations contre la France. On doit espérer qu'à l'avenir les naturalisations seront plus parcimonieusement accordées. Mais cette réforme est encore bien incomplète et n'atteint pas ceux qui, grâce à une naturalisation antérieure, se présentent chez nous sous la figure de sujets neutres et amis alors qu'ils ont en réalité conservé la nationalité ennemie qui a été primitivement la leur. Cela appelle une refonte de nos lois sur la nationalité et la réception de cette idée que toute naturalisation obtenue à l'étranger n'oblige pas la France à considérer le naturalisé comme jouissant des droits attachés à sa nationalité nouvelle. Déjà nos tribunaux n'hésitaient pas à l'appliquer aux Français naturalisés à l'étranger en fraude de la loi française ; il faudra qu'ils l'étendent à certaines classes de naturalisés n'ayant jamais possédé la qualité de Français et qu'ils leur restituent malgré eux leur nationalité d'origine.

Des réformes semblables devront être entreprises en matière de sociétés. On sait à quelles difficultés donne lieu la détermination de la nationalité des sociétés et nous avons combattu ailleurs cette notion équivoque et fausse (2). Les débats soulevés à l'occasion des mises sous séquestre ont pu nous montrer avec quelle habileté certaines sociétés, en réalité étrangères par leurs capitaux et leur direction, avaient su s'abriter sous le pavillon français pour mieux combattre notre industrie et au besoin fournir des asiles plus sûrs à l'espionnage. A quoi bon prendre des précautions contre des étrangers qui peuvent d'un jour à l'autre devenir des ennemis, si on laisse ces mêmes étrangers constituer librement sur notre territoire des sociétés françaises de nom et qui ne représentent pas moins des influences contraires aux intérêts français, peut-être même hostiles à la France ? Jusqu'ici, pour reconnaître à une

____

(1) V. ce texte dans la *Revue générale de droit international public*, t. XXII (1915), Documents, p. 57.

(2) Pillet, *Des personnes morales en droit international privé*, nos 80 et suiv., 108-111.

société de commerce la qualité de société française, doctrine et jurisprudence se sont contentées d'exiger que le siège social de l'association fût en France, sans s'inquiéter le moins du monde de la nationalité des personnes qui dirigent en fait les affaires sociales, ni de la provenance des capitaux qui ont constitué le fonds social. Cela est extrêmement léger et imprudent. Un pays à l'heure actuelle ne peut faire la guerre que s'il peut compter sur la fidélité et le patriotisme de ses usiniers et, parmi eux, les sociétés de capitaux sont surtout à considérer, puisque ce sont elles qui, le moment venu, peuvent consacrer aux besoins de la défense nationale l'effort de beaucoup le plus grand. Il ne faut plus de ces établissements français d'étiquette et qui servent en réalité des intérêts étrangers, de ces maisons françaises dont les directeurs à la veille de la mobilisation rejoignent le régiment de uhlans auquel ils sont affectés. En matière de commerce, tout n'est pas de gagner de l'argent, il faut encore ne pas trahir sa patrie. Le système de l'autorisation des sociétés anonymes qui a duré chez nous jusqu'à la loi du 24 juillet 1867 était certainement supérieur au relâchement actuel. Ce système devra-t-il être repris, devra-t-on recourir à quelque autre combinaison, on le verra. Ce qui est essentiel, c'est qu'une ligne de séparation très nette soit tracée entre les sociétés françaises et les sociétés étrangères, c'est aussi que l'on n'admette au nombre des premières que les sociétés dans lesquelles les éléments français auront une prépondérance indiscutable.

Les mesures prises contre les biens des sujets ennemis ont une importance beaucoup plus grande, elles ont aussi un caractère de nouveauté très accentué. Leur origine est dans cette interdiction du commerce avec l'ennemi à laquelle les textes ont donné une extension nécessaire sans doute, mais jusqu'à présent inusitée. Une fois de plus, nous voyons par là que les effets de la guerre deviennent de plus en plus généraux et que l'on s'éloigne toujours davantage de la fausse maxime que la guerre n'intéresserait que les seuls États belligérants et non les particuliers leurs sujets.

Le texte capital est ici le décret du 27 septembre 1914 (1) ; il a été suivi de beaucoup d'autres, mais c'est au premier que l'on doit remonter pour bien saisir l'esprit de cette prohibition. Tout commerce a été interdit par ce décret avec les sujets des Empires d'Allemagne et d'Autriche-Hongrie, et le texte explique que tout commerce est interdit, avec lesdits sujets ennemis, à toute personne en territoire français ou de protectorat français et en outre en tous lieux aux sujets français. Il en résulte que, même

____

(1) V. ce texte dans la *Revue générale de droit international public*, t. **XXII** (1915), Documents, p. 27 ; Dalloz, *Rec. pér.*, 1914.4.96.

en pays neutre, un Français ne pourrait point faire un acte de commerce avec un ennemi de la France. La nullité qui atteindrait les actes passés au mépris de ces prescriptions est absolue et d'ordre public. Il n'est pas douteux que le ministère public pourrait au besoin l'invoquer.

La Turquie et la Bulgarie s'étant postérieurement à ce décret jointes à nos ennemis, il paraît raisonnable d'étendre cette même interdiction aux rapports noués avec leurs sujets. Si l'on s'y refusait, il faudrait admettre que le commerce est permis avec eux, ce qui serait absurde, ou que l'interdiction qui les concerne est purement coutumière, ce qui s'accorderait mal avec les mesures prises par notre gouvernement.

Cette interdiction de commerce est très grosse de difficultés ; il importe de s'efforcer d'en bien fixer le sens.

Remarquons tout d'abord que la défense édictée s'en prend aux actes de commerce que l'on ferait avec un sujet ennemi, soit directement, soit par personne interposée (art. 4), mais qu'elle ne touche pas aux actes déjà faits et aux droits qui en résultent. Je ne puis pas contracter avec un Allemand ou un Autrichien et devenir légitimement son créancier ou son débiteur ; mais, si j'ai contracté avec lui antérieurement aux 4 ou 13 août 1914, je demeure très régulièrement son créancier ou son débiteur (1). La prohibition du décret ne détruit pas les droits acquis. Seulement les Allemands ou Autrichiens (art. 3) ne peuvent ni recevoir un payement, ni poursuivre une exécution forcée sur le territoire français ; cette prohibition n'a rien de réciproque et n'empêche nullement les Français de faire procéder en France à des actes d'exécution contre les sujets des Empires centraux. Pourraient-ils également recevoir un payement amiable de leur débiteur allemand ou autrichien ou de son représentant ? Je ne le pense pas, bien qu'un payement ne soit pas une convention, car il semble bien que l'on a voulu priver de toute activité juridique chez nous les sujets ennemis. Sans aucun doute le créancier pourrait recevoir son payement des mains du séquestre des biens de son débiteur.

Le décret est allé un peu plus loin et a admis que les contrats régulièrement passés, lorsqu'ils n'auraient reçu aucune exécution par paye-

(1) Il en résulte à notre avis qu'un créancier allemand peut malgré l'état de guerre poursuivre en France son débiteur français. Qui a le droit doit avoir l'action, à moins d'une prohibition expresse. Naturellement, l'émolument de la poursuite devrait être remis aux mains d'un séquestre.

ment ou livraison de marchandises, pourraient être annulés par justice
à la demande du contractant sujet français, protégé français ou neutre.
Il est évident que la guerre rend bien des contrats sans objet et que,
dans cette limite, la faculté d'annulation laissée à la discrétion du tribunal est une mesure qui peut se défendre. Remarquons au surplus qu'il
ne s'agit là que des contrats commerciaux, au sens étroit du mot (livraison de marchandises) et qu'un contrat n'ayant rien de commercial, un
partage de famille par exemple, échapperait à cette cause d'annulation.

Mais le décret ne saurait avoir tout prévu. Il y a des contrats instan-
tanés qui fixent d'un seul coup la position respective des parties : tel est
l'achat et la vente ; il en est d'autres ayant un caractère successif et ne
développant que peu à peu leurs effets. Le type de ces derniers est le
contrat de société. Le décret du 29 septembre 1914 (1) a prescrit la mise
sous séquestre des sociétés d'assurance étrangères à fin de continuation
de leurs opérations, mais il n'a trait qu'aux sociétés d'assurance et ne
prévoit pas la question qui nous occupe. Cette question se présentera
pour les sociétés qui ne sont point personnes morales et pour les simples états d'indivision. Dans l'un et l'autre cas, la gestion de la chose
commune veut que des Français contractent fréquemment avec des
Allemands, qu'ils les représentent ou qu'ils soient représentés par
eux. Pratiquement on s'est tiré d'affaires en mettant sous séquestre les
intérêts allemands ou autrichiens coexistant dans de semblables grou-
pements. C'est avec le séquestre que les Français contractent, c'est le
séquestre qui les représente ou qui est représenté par eux. Ce procédé
n'a que la valeur d'un expédient : il est clair qu'un séquestre dont le rôle
est purement conservatoire n'a pas la liberté d'appréciation du maître
de l'affaire. Il ne peut que donner son consentement ou opposer son
veto aux mesures proposées par les associés, il ne peut pas gérer.

Les associés ou copropriétaires français pourraient-ils provoquer la
cessation de cet état équivoque ? S'il s'agit d'une indivision, la réponse
n'est pas douteuse, car on peut toujours provoquer le partage. S'il s'agit
d'une association, j'inclinerais à penser que les associés français peuvent en demander la dissolution, bien qu'ils ne soient pas dans l'hypothèse prévue par l'article 3, § 2, du décret du 27 septembre 1914. On ne
peut pas obliger des particuliers à garder des intérêts communs entre
eux et des sujets ennemis ; on ne peut pas davantage, à notre avis, les
contraindre à subir la présence d'un séquestre qui peut être pour la

____

(1) V. ce texte dans la *Revue de droit international public*, t. XXII (1915), Documents,
p. 29 ; Dalloz, *Rec. pér.*, 1914.4.97.

marche de l'affaire un embarras grave. Nous pensons donc que la liquidation est de droit si elle est demandée par un associé français ou neutre.

La même solution nous paraît devoir être étendue aux contrats dont les effets sont successifs, baux, assurances, rentes viagères.

Venons maintenant à la détermination des actes que frappe cette interdiction de commerce. La question prête au doute. Le mot commerce est d'une signification fort mal assise. Dans l'usage courant, il ne s'applique guère qu'aux actes du commerçant, de celui qui achète des marchandises pour les revendre au public ou encore aux actes de l'industriel qui fabrique pour vendre. Mais, dans la langue juridique, ce mot a un sens plus large. Il est certain que, lorsqu'on dit que les États ont entre eux le droit de commerce, on ne fait pas allusion à la faculté de faire le commerce ; on veut dire alors que les États peuvent entrer en relations les uns avec les autres et échanger des promesses internationalement valables. De même, le commerce du décret du 27 septembre 1914, quoique visant surtout le négoce, va plus loin. Nous en avons la preuve dans la loi du 4 avril 1915 (1) qui a donné à cette interdiction une sanction pénale. Cette loi parle de celui qui aurait conclu... un acte de commerce ou une convention quelconque.

On pressent que l'explication de ces termes n'est pas aisée. Il en résulte fort clairement que la prohibition légale ne s'étend pas seulement aux actes de commerce, mais aussi aux conventions qui ne sont pas des actes de commerce, aux ventes d'immeubles par exemple ou encore aux ventes de denrées effectuées par celui qui les a récoltées. Faut-il comprendre dans l'interdiction toutes les conventions ? Le mariage est un contrat et par conséquent une convention. Considérerons-nous comme interdits les mariages entre Français et Allemandes, entre un Français et une Alsacienne par exemple, ou encore entre un Français et une veuve française d'origine, devenue allemande par son mariage ? Il est peu croyable que le législateur ait voulu aller jusque-là. Il faut également se demander si des actes qui ne sont point des conventions, mais qui sont tout aussi dangereux, échappent à toute sanction. Telles sont les offres de service adressées à l'ennemi. Dans un autre ordre d'idées, l'expédition de lettres, de télégrammes, de brochures rentre-t-elle dans le commerce interdit, et pour un acte semblable serait-on exposé aux sévérités de la loi du 4 avril ?

(1) V. ce texte dans la *Revue générale de droit international public*, t. XXII (1915), Documents, p. 53 ; Dalloz, *Rec. pér.*, 1915.4.201.

Seule une considération attentive de la raison de cette interdiction peut apporter la lumière. L'interdiction du commerce a été prononcée dès son début dans la pensée d'empêcher que, par l'effet du commerce entre particuliers, l'un des adversaires arrivât à soutenir sa cause à l'aide de ressources tirées du territoire de son ennemi. Les peines de la trahison frappent ceux qui se mettent au service de l'État ennemi, elles n'atteindraient pas sans exagération les particuliers qui se bornent à passer des contrats avec des sujets de l'ennemi. C'est pour combler cette lacune que l'interdiction de commerce intervient. Elle s'attaque surtout aux actes de spéculation, car l'esprit de lucre est fort dangereux en pareille matière, et c'est pour cela qu'elle vise d'abord le négoce ; mais rien ne prouve qu'elle se borne là, et en présence du laconisme des textes, une bonne construction juridique est indispensable.

Remarquons d'abord qu'il ne servirait à rien de dire ici que, l'interdiction de commerce étant l'exception, suivant l'avis de la majorité de la doctrine, les seuls actes à frapper sont ceux que désignent les textes qui ont porté la prohibition. D'abord, rien n'est moins certain que ce prétendu principe. On le fait dériver de l'idée que la guerre existe entre États et non entre particuliers, idée toujours très contestable et dont à l'heure actuelle la fausseté éclate à tous les yeux, tant il est vrai que l'activité commerciale des particuliers développée au profit de consommateurs ennemis aboutit toujours à renforcer l'État ennemi et à lui permettre de prolonger la lutte. Nous ne devons pas permettre que le commerçant ennemi nous vende quelque chose, car cela soutient son industrie ; nous ne devons pas permettre davantage que nos commerçants envoient leurs marchandises sur les marchés de l'ennemi où elles seraient le plus souvent transformées en instruments de guerre. N'a-t-on pas parlé récemment de certaines fournitures de graisses faites par une maison française et qui auraient servi à la fabrication d'explosifs en Allemagne !

C'est donc la prohibition absolue du négoce, et en effet l'avenir paraît devoir être tel en la matière. Précisément parce que les guerres d'aujourd'hui tendent à absorber toutes les forces du pays qui les entreprend ou qui les soutient, il y a une nécessité évidente pour chacun des adversaires à empêcher que ses biens profitent à l'ennemi.

Mais cela n'est pas encore suffisant, et cette même nécessité apportera bien d'autres entraves à la liberté du commerce et réduira dans une mesure fort sensible la faculté de commercer avec les neutres. Il est élémen-

taire, en effet, que l'interdiction du commerce entre sujets d'États belligérants ne peut servir à rien si les marchandises visées peuvent circuler
d'un pays ennemi a l'autre, grâce à un détour par une terre neutre. C'est
ce qui se pratique exclusivement. Un belligérant n'est pas assez naïf pour
commander directement à son ennemi les marchandises dont il a besoin :
il employera un intermédiaire neutre et ce procédé n'aura d'autre inconvénient que celui de grossir quelque peu le prix de la marchandise. Il
faut que l'interdiction du commerce s'oppose à ces négociations détour-
nées, mais comment y parviendra-t-elle ?

La guerre maritime a paré à cette difficulté en pratiquant depuis un
siècle la théorie du voyage continu. Par suite de cette fiction, les marchandises interdites ou de contrebande sont saisies et confisquées avec
le navire qui les porte non seulement lorsqu'elles sont à destination
d'un port ennemi, mais lorsqu'elles se dirigent vers un port neutre voisin du pays ennemi et que l'on a des raisons de présumer que leur destination réelle est le pays ennemi lui-même. On aperçoit vite les abus
auxquels peut prêter une semblable théorie et le malaise qu'entraîne
son adoption pour les pays neutres dont elle tarit le commerce et pour
ceux qu'elle prive de ressources impatiemment attendues. En général,
tous les internationalistes du continent étaient contraires à cette doctrine
que soutenaient seuls les Anglais et les Américains. Mais sur ce point
l'expérience a parlé pour la théorie du voyage continu et nous ne pensons
pas qu'elle puisse être discutée à l'avenir. La guerre n'est plus ce qu'elle
était récemment encore et notre temps a forgé le mot de guerre d'usure
pour désigner ces luttes où l'on ne peut attendre le succès que de l'épuisement de l'adversaire. Alors l'objet essentiel de l'action est de mettre
obstacle au ravitaillement de son ennemi. Cet objet ne serait jamais
atteint si l'on n'appliquait pas la théorie du voyage continu.

Ainsi, sur ce terrain, l'usage de la guerre évolue dans le sens de la rigueur, donnant un démenti de plus à ceux qui avaient pensé lui imposer
des tendances plus libérales. En même temps la liste des objets de contrebande de guerre s'allongeait de plus en plus et les cadres préparés
à la Conférence de Londres pour les qualifier et les différencier craquaient
de toutes parts. Il n'est déjà plus question de contrebande absolue et
conditionnelle, et on ne comptera bientôt plus les biens que les négociateurs avaient placés dans la liste des objets qui ne peuvent en aucun
cas être déclarés de contrebande et qui en fait font partie aujourd'hui de
la contrebande absolue. Tout cela constitue une lourde gêne pour le
commerce des neutres. Par un autre côté, on a essayé de le soulager

en rendant beaucoup plus douce la sanction de l'interdiction du commerce de contrebande. On tend à ne plus confisquer la contrebande, au moins lorsqu'elle ne consiste pas dans des marchandises immédiatement utilisables à la guerre. On permet aux cargaisons saisies de prendre une direction autre, ou mieux on les achète ou au moins on les laisse vendre au profit de l'expéditeur dans le port où le navire a été conduit. Cela ne détruit pas sans doute tous les inconvénients qu'engendrent pour le trafic neutre ces sévérités nouvelles de la guerre maritime ; il peut toujours craindre d'y perdre une partie de sa clientèle, mais cela atténue cependant beaucoup lesdits inconvénients. Ce sujet mérite des explications plus amples. Nous y reviendrons.

Des innovations bien plus considérables se sont produites dans cet ordre d'idées, dues, elles aussi, à la nécessité de mettre obstacle au libre ravitaillement de l'ennemi : elles concernent le commerce terrestre. La règle ici était que l'événement d'une guerre ne change rien ou presque rien à la liberté du commerce entre neutres et belligérants. Sans doute, l'État neutre ne pourrait pas fournir le belligérant, son voisin, de soldats, d'armes ou d'argent : ce serait sortir de la réserve que commande la neutralité ; mais les particuliers demeurent libres de vendre au belligérant toutes les marchandises dont celui-ci a besoin, libres aussi de faire venir de l'étranger ce qu'ils ne trouvent pas chez eux en assez grande quantité pour satisfaire aux demandes de ce belligérant. Il peut arriver ainsi et il arrive qu'un neutre, voisin de deux belligérants ennemis, se procure chez l'un ce qu'il expédie chez l'autre, et que la règle de l'interdiction du commerce soit tournée de cette façon. Supposons que la France regorge de bétail et que l'Allemagne n'en ait pas. Les marchands suisses achèteront le bétail français et le vendront aux Allemands. C'est une sorte de commerce qui ne comporte aucuns risques et produit des bénéfices considérables. On comprend que, si ce trafic était laissé libre il mettrait l'un des adversaires en état d'infériorité manifeste.

Ce trafic interlope s'est produit, et sur une grande échelle. Récemment encore les provinces françaises voisines de la Suisse voyaient drainer leurs denrées et jusqu'à leur monnaie de billon. Tout cela prenait le chemin de la Suisse, mais sans doute tout cela allait plus loin.

Comment remédier à ce danger ? L'État belligérant peut établir des prohibitions d'exportation, comme il le fait pour les denrées qu'il entend réserver à sa propre consommation. Ces prohibitions doivent être générales et s'opposer même à la livraison à des neutres qui ne sont évidemment pas des agents de transmission. Ce n'est pas sans danger pour le pays qui les a établies et dont la vie économique va se trouver de ce chef profondément troublée à une époque où il importe extrêmement de lui conserver ses ressorts. Il y a encore autre chose. Les pays neutres pris entre les belligérants sont vite jetés dans une situation extrêmement critique. Les voies habituelles de leur commerce sont brusquement coupées et si ces pays ne produisent pas tout ce qui est nécessaire à la vie de leur population, ils souffrent cruellement. Il faut donc les ravitailler, c'est une action de bonne politique comme de bon voisinage, mais il ne faut pas par dessus leur tête ravitailler l'ennemi.

Ces deux points de vue sont malaisément conciliables, et l'on ne peut pas dire que l'on soit arrivé sur ce point à une solution satisfaisante. Fatalement — et c'est en cela que le mouvement actuel est juridiquement intéressant — on arrivera à étendre dans une certaine mesure aux transports terrestres les règles posées pour les transports maritimes, notamment l'interdiction du commerce de contrebande et la présomption de continuité du voyage. Mais cette extension ne saurait aller sans modifications : il faut songer aux besoins du pays de destination apparente, et l'on ne peut pas répéter ici ce que l'on fait là, arrêter et confisquer sans plus les marchandises prohibées qui tenteraient de passer la frontière. Il faut une solution transactionnelle, mais laquelle ? Le plus simple serait d'obtenir du gouvernement neutre qu'il surveillât lui-même l'emploi de la marchandise reçue de son voisin belligérant et qu'il s'opposât à toute exportation de cette marchandise. Ce serait aussi le procédé le plus sûr et le plus recommandable s'il n'avait l'inconvénient grave de mêler les gouvernements neutres aux choses de la guerre, extrémité à éviter soigneusement, car la position qui leur serait ainsi faite les exposerait à être impliqués dans les hostilités. Nous avons lu dans la presse que l'on avait tenté de remédier à ces dangers en provoquant dans les pays neutres la formation de syndicats ou trusts de commerçants auxquels les marchandises seraient exclusivement envoyées et qui se chargeraient de les répartir entre les détaillants. Mais qui peut répondre que ces derniers ne les vendront pas à l'ennemi de l'expéditeur primitif ?

Dans cet ordre d'idées, il semble qu'il vaudrait mieux que le belligérant producteur eût dans le pays neutre des agents purement commerciaux qui seraient les destinataires obligés des marchandises expédiées et les revendraient aux intéressés en usant des précautions propres à déjouer les fraudes. Quelque moyen que l'on prenne, il faudra soit dans la guerre présente, soit dans les guerres futures, appliquer des règles qui empê-

chent que le principe d'interdiction du commerce ne soit tourné grâce à
la complicité des commerçants établis en territoire neutre. L'interdiction
du transport de la contrebande et la prohibition du commerce entre
ennemis demeureront lettre morte si l'on ne surveille pas attentivement
le commerce des pays neutres voisins de l'ennemi.

Les statistiques des douanes hollandaise, italienne (jusqu'à la rupture),
suisse, danoise, suédoise, ne nous montrent-elles pas, depuis le commencement des hostilités, des chiffres d'importations décuples de ceux
des années précédentes pour les marchandises utilisables à la guerre,
ne prouvent-elles pas que les neuf dixièmes de ces marchandises sont
parvenues par ce détour au belligérant qui n'aurait pas pu les recevoir
directement ? Il y a là un abus criant contre lequel il faut réagir. Nous
souhaiterions voir poser cette règle que le neutre voisin d'un belligérant ne peut en aucun cas recevoir de ces marchandises, dont le commerce avec l'ennemi est interdit, une quantité plus forte que celle qu'il
recevait en temps de paix, et nous pensons qu'on trouverait des moyens
pratiques de faire observer cette règle. Ce serait la voie la plus sûre pour
garantir que les importations autorisées pour les besoins d'une population neutre seraient bien effectivement consacrées à la satisfaction de
ces besoins.

La présente guerre a ainsi dans ce domaine ouvert des avenues nouvelles qui conduiront infailliblement à restreindre davantage le commerce pratiqué par les neutres. La chose ne doit pas étonner. Plus les
guerres deviennent étendues et plus elles exigent de moyens pour être
poursuivies.

Tout ce qui vient d'être dit ne concerne que le négoce, le commerce
des commerçants si l'on veut, mais doit-on s'arrêter là ou ne faut-il pas
donner à ce mot une signification plus étendue ? C'est probable, car la loi
du 4 avril 1915 écrit : commerce ou convention, et les deux termes ne
sont pas synonymes ; ensuite parce qu'on a voulu notamment empêcher
par cette interdiction que les Allemands trouvent le moyen de faire
passer en Allemagne la valeur des biens par eux possédés en France.
Une vente de propriété immobilière ou de récoltes, la perception de loyers,
l'encaissement de dividendes ou intérêts, bien qu'ils ne soient pas des
actes de commerce, iraient, si on les tolérait, à l'encontre du but pour-
suivi par le législateur.

Il faut donc, sous cette expression d'actes de commerce, entendre tous

les contrats relatifs au patrimoine, et cette interprétation est confirmée'
par les nombreux textes relatifs à cette institution du séquestre que
nous étudierons bientôt, ces textes commandant de placer sous la main
de la justice tous les biens des Allemands en France (V. not. la loi du
22 janvier 1916). On ne les dessaisirait pas de tous leurs biens si on entendait leur laisser une activité patrimoniale quelconque. Mais faut-il
aller plus loin ; et, en laissant de côté les actes purement personnels
comme le mariage, la reconnaissance d'un enfant naturel, l'adoption,
que dire de certains droits et de certains actes qui présentent un intérêt
pécuniaire et ne sont pourtant ni des conventions ni des actes de spéculation ? Un Allemand peut-il gérer une tutelle en France, peut-il figurer
valablement dans une gestion d'affaires au moins comme maitre de
l'affaire, peut-il payer ou faire payer les primes d'une assurance sur la
vie qu'il y aurait contractée antérieurement à la guerre ? S'il est victime
d'un délit civil, pourra-t-il en demander la réparation ? Comme on le
devine et comme nous le verrons bientôt, ce sont là autant d'actes qu'un
simple séquestre ne peut pas faire au lieu et place de la personne dont
les intérêts lui sont confiés. Doit-on dire que, pour cet Allemand, toute
vie juridique est suspendue, que cela est renfermé dans la notion d'interdiction du commerce ? Il faudrait hésiter beaucoup avant d'aller jusque-là, encore que l'on y soit autorisé par l'esprit des doctrines anciennes
touchant le droit de la guerre. On comprend très bien que l'interdiction
du commerce implique toutes les mesures civiles propres à faciliter la
défense de la patrie et la poursuite de la guerre. Sur ce terrain on doit
être intraitable. Mais à quoi bon aller au delà et refuser le secours du
droit et la jouissance de leur liberté naturelle à des sujets ennemis, sans
raison, par pure inimitié. Ce n'est pas que cette inimitié ne soit justifiée,
elle l'est amplement et je souhaite hautement qu'elle soit durable, mais
encore l'injustice et la barbarie d'un ennemi ne doivent-elles pas nous
faire oublier les lois de la justice.

Les auteurs des textes que nous commentons n'ont évidemment pas
songé à tout cela, ils n'ont pas pu y songer, et, comme la guerre qui a
mis le feu à l'Europe est sans précédents dans l'histoire, ces questions
sont bien vraiment nouvelles. Citons comme un rapprochement intéressant que le dépôt des brevets et des marques est admis entre la France
et l'Allemagne sous condition de réciprocité (décret du 27 mai 1915,
art. 6), ce qui semble indiquer que toutes relations civiles ne sont pas
indistinctement prohibées entre citoyens des deux pays.

Un dernier point de vue doit être abordé ici. Demandons-nous entre quelles personnes le commerce est interdit. Le décret du 27 septembre 1914 interdit tout acte ou contrat passé soit en territoire français ou de protectorat français par toute personne, soit en tous lieux par des Français ou protégés français avec des sujets des Empires d'Allemagne et d'Autriche-Hongrie ou des personnes y résidant. La loi du 4 avril 1915, relative aux sanctions pénales de la prohibition, vise également les personnes interposées et les complices de l'infraction.

Les textes de lois sont toujours imparfaits, parce qu'il est impossible de condenser dans les quelques mots d'une phrase la multitude des cas divers qui se présenteront dans la pratique. Deux hypothèses sont prévues ici, celle des actes passés en France et celle des actes qui sont passés à l'étranger. En France et en territoire de protectorat français, il est interdit à toute personne de commercer avec un Allemand. Si j'entends bien le texte, il signifie qu'il est interdit d'entrer en relations de commerce avec un Allemand résidant dans son pays. Étendra-t-on la prohibition aux relations avec les Allemands se trouvant en France, soit en liberté, soit dans la situation de prisonniers de guerre ou d'internés, dans la mesure où l'existence des séquestres laisse une certaine utilité aux dites relations ? Remarquons que les relations de cette espèce ne peuvent servir en rien la cause de l'ennemi et que l'on ne voit pas comment un interné ou un prisonnier pourrait vivre si on lui interdisait la possibilité de nouer des relations juridiques avec les fournisseurs de la place où il se trouve. Cette faculté ne vise bien entendu que ces petits actes usuels qui se font quotidiennement parce qu'ils correspondent à des besoins de tous les jours. Encore est-elle restreinte par la prohibition de tout acte tendant à contrarier les mesures de police auxquelles les ennemis sont sujets sur notre territoire. Un prêt d'argent fait à un prisonnier pour faciliter son évasion ou la location d'un logement à un interné en dehors du domicile à lui assigné sont forcément nuls, non par une interprétation de la règle de l'interdiction du commerce, mais parce qu'il est inadmissible qu'un acte civil contraire aux prescriptions de la loi pénale ait une validité quelconque.

Pour les contrats plus importants et rentrant dans la gestion du patrimoine de leur auteur, le doute peut exister. Le plus souvent ces contrats avec des Allemands seront rendus impossibles par le fait de la mise de leurs biens sous séquestre, mais la question se présentera cependant quelquefois. Tous les biens allemands existant en France n'ont pas été mis sous séquestre (la mise sous séquestre n'a vraisemblablement pas atteint les biens des personnes munies d'un permis de séjour), et même, lorsqu'un séquestre a été nommé, certains biens, des titres au porteur par exemple, ont pu être dissimulés. Les négociations de pareils titres seraient-elles régulières? Nous inclinons vers l'affirmative, mais sans doute le séquestre aurait le droit de saisir les sommes provenant de cette négociation.

Plus délicate est encore la question des contrats entre Allemands passés sur le territoire français. Si rigoureusement ils rentrent dans la formule très générale de la loi, ils ne rentrent pas dans son esprit. S'agissant d'Allemands résident en France, leurs conventions ne peuvent procurer aucun avantage à l'ennemi. Pourquoi dès lors les interdire? Les exemples du reste en seront extrêmement rares.

La prohibition a en outre une face extraterritoriale. Les Français ou protégés français ne peuvent faire en aucun lieu d'actes de commerce ou de conventions avec des Allemands. Au contraire, les sujets des États neutres même résidant en France peuvent contracter à l'étranger avec les Allemands, et cela signifie que, si de semblables contrats sont jamais soumis à l'appréciation des tribunaux français, ils seront réputés valables. La prohibition adressée ici aux Français n'a pas le même sens que la précédente. Ce n'est pas tant l'acte de commerce que l'on craint, car cet acte que l'ennemi ne peut pas faire en pays neutre avec un Français, il le fera avec un sujet du pays et le résultat sera pour lui le même. Elle n'est pas moins sage cependant. Il ne faut pas laisser se créer des liens de droit entre nationaux et sujets ennemis : il en résulterait des intelligences que l'adversaire mettrait à profit, des facilités nouvelles à organiser l'espionnage, peut-être même à provoquer la trahison.

Ces actes seront donc nuls et ne pourront donner lieu en France à aucune action, non seulement pendant la durée de la guerre, mais après le rétablissement de la paix, à moins que dans les traités de paix, hypothèse peu probable, une clause soit introduite qui les valide rétroactivement. Il est en effet de l'essence d'un droit quelconque, dans la guerre aussi bien que dans la paix, d'engendrer des résultats définitifs et que le cours naturel des événements ne peut pas modifier.

Mais cette nullité, due à des mesures exceptionnelles et d'ordre public, ne va pas plus loin que les bornes du pays qui l'a prononcée. Dans le pays où l'acte a été fait et en général dans les pays neutres, les droits auxquels il a donné naissance seront considérés comme valables. C'est une contrariété fatale et dont le droit international offre bien d'autres exemples. On peut se demander quel serait le sort de ces actes dans un pays allié à celui qui a porté la prohibition. C'est une question tout à fait neuve. Il est probable que, pendant la durée de la guerre au moins, des contrats de ce genre ne pourraient pas donner d'action dans les pays alliés, mais cela n'est pas très certain et dépend exclusivement de la législation de ce pays.

L'interdiction de commerce, telle qu'elle a été proclamée dans la présente guerre, est une mesure en grande partie nouvelle : il faut s'attendre à ce que bien des questions pratiques naissent à son occasion.

Nouvelle aussi est l'institution des séquestres. Cette institution est la conséquence logique de l'interdiction du commerce. Puisque les Allemands et Autro-Hongrois ne peuvent plus faire d'actes juridiques valables sur notre territoire, il leur devient impossible d'administrer les biens qu'ils peuvent y posséder. Quelqu'un doit pourvoir à ces besoins d'administration. C'est le séquestre qui en sera chargé.

Sous un vieux nom c'est un personnage nouveau qui se présente à nous. Le séquestre que nous connaissions jusqu'ici était chargé de garder un bien litigieux jusqu'à décision de la contestation (art. 1961, c. civ.). Ici aucun litige n'existe, un propriétaire est pour raisons d'ordre public privé de la possession de ses biens, le séquestre les appréhendera et en assumera la gestion. C'est en somme un administrateur, mais avec une mission différente de la mission ordinaire de l'administrateur. Dans notre droit les biens d'une personne sont remis aux mains d'un administrateur lorsque le propriétaire, par son âge (mineur) ou sa situation de famille (femme mariée) ou encore par l'infirmité de son esprit (interdit), devient incapable de gérer son propre patrimoine. C'est alors dans l'intérêt de l'incapable que les biens sont administrés et le représentant qui lui est donné a pour loi unique de rendre la condition du propriétaire la meilleure possible. Tel n'est pas du tout le sens de la gestion du séquestre, car elle a été organisée dans l'intérêt public, dans l'intérêt de la France. D'autres personnes ont une position assez voisine de celle-là, ce sont les liquidateurs. Ceux-ci prennent la direction d'un patrimoine, d'un fonds social par exemple ou de l'actif d'un commerçant tombé en faillite en vue d'un objet bien déterminé, vendre les biens dont ce patrimoine se compose et désintéresser dans la mesure du possible tous ceux qui ont des droits sur ces biens.

Les séquestres des propriétés des sujets ennemis ne sont point des liquidateurs. Il faut le dire bien haut, car l'opinion publique est à ce sujet tombée dans l'erreur. Il a paru à de bons esprits que les fonctions du séquestre étaient d'opérer une liquidation des biens à eux confiés, pour être le résidu de cette liquidation, les dettes une fois payées, déposé dans les caisses publiques. On a blâmé les liquidateurs qui n'agissaient pas ainsi, on les a accusés de favoriser le commerce d'ennemis au détriment du commerce français ; certains mêmes, par un sentiment trop ancré de leurs intérêts particuliers, ont proposé de consacrer les sommes à provenir de la vente des biens placés sous séquestre à désintéresser le commerce français créancier des maisons allemandes.

Ce point de vue ne saurait être accepté. L'état de guerre, qui interdit le commerce avec les Austro-Allemands, ne dépouille nullement ces derniers de la propriété des biens qu'ils ont en France. L'intérêt public ne veut pas que ces biens soient laissés entre leurs mains. Il n'en résulte certes pas que ces biens doivent être mis en vente, encore moins que le prix provenant de la vente doive profiter à telle ou telle catégorie de personnes.

Il est relativement facile de dire ce que ne sont pas les séquestres, mais il est plus difficile de dire ce qu'ils sont, et la difficulté n'est en rien diminuée si l'on consulte les textes, nombreux cependant, qui leur sont consacrés. L'institution des séquestres n'est pas visée dans le décret du 27 septembre 1914 qui l'a rendue nécessaire, mais une première application en a été faite dans l'ordonnance du Président du tribunal du Havre du 2 octobre suivant, à laquelle renvoie la circulaire du garde des sceaux du 8 octobre (1). La circulaire du 13 octobre (2) note que la mise sous séquestre est organisée dans l'intérêt public ; celle du 30 octobre (3) porte que les séquestres sont donnés à titre conservatoire. Un texte plus important est la circulaire du 3 novembre 1914 (4). Elle explique que le séquestre est institué pour conserver les biens, mais non pas, en général au moins, pour continuer le commerce du sujet ennemi. Cependant à cette règle diverses exceptions sont apportées : le cas de réquisitions militaires (circulaire du 21 octobre 1914) (5), celui où la continuation du commerce serait ordonnée dans l'intérêt des ouvriers ou des créanciers français, celui où les produits de l'industrie

(1) V. Dalloz, *Rec. pér.*, 1914.4.97.
(2) V. Dalloz, *Rec. pér.*, 1914.4.97.
(3) V. Dalloz, *Rec. pér.*, 1915.4.32.
(4) V. Dalloz, *Rec. pér.*, 1915.4.32.
(5) Citée dans la circulaire du 3 novembre 1914, Dalloz, *Rec. pér.*, 1915.4.32, col. 3.

séquestrée seraient indispensables au commerce français (1). En tout
cas, cette continuation devra être autorisée par le magistrat qui fixera
les limites précises dans lesquelles elle sera renfermée. Le garde des
sceaux a complété par une lettre du 14 novembre (2) sa circulaire du
3 novembre. Il énonce les causes pour lesquelles les biens mis sous
séquestre pourront être aliénés (menaces de dépérissement, payement
des créanciers), indique les précautions à prendre pour la vente, dit que
les mises sous séquestre, loin d'être des actes de spoliation, sont des
mesures conservatoires destinées à éviter que des nations ennemies ne
profitent de l'activité économique de notre pays. Il ajoute que cet état
ne met pas obstacle au droit de réquisition.

D'autres textes relatifs à cet objet ont paru, notamment une circulaire
du 6 mars 1915 (3) où nous trouvons la preuve que l'institution des séquestres s'étend dans l'intention de ceux qui l'ont établie même aux
biens des Allemands non commerçants, et un décret du 13 mars 1915 (4)
qui l'applique aux marchandises allemandes saisies sur les navires neutres. Mais ce simple exposé suffit.

Le droit qui nous occupe se trouve organisé par de simples circulaires ministérielles, et les actes de cette sorte n'ont pas, même en temps
de guerre, le pouvoir de suppléer la loi. Tâchons donc de tirer des principes mêmes du droit la théorie des séquestres.

Que cette institution soit légitime et régulière, cela est certain. L'interdiction du commerce est une conséquence normale de l'état de guerre,
et il appartient dans chaque État au Pouvoir exécutif de prendre les
mesures auxquelles conduit cette interdiction. La mise sous séquestre
est la principale de ces mesures. Nous observerons ici que la nouveauté
de cette institution tient à ce que l'interdiction du commerce a pris dans
la guerre actuelle une amplitude à laquelle elle n'avait pas atteint antérieurement. On ne parlait autrefois que de l'interdiction du commerce
international (entre pays ennemis), et à faire respecter cette prohibition
la douane seule suffit. La même interdiction frappe aujourd'hui le commerce intérieur, rendant indisponibles les biens possédés par les sujets

---

(1) V. circulaire précitée du 3 novembre 1914.
(2) V. Dalloz, *Rec. pér.*, 1915.4.35.
(3) V. Dalloz, *Guerre de 1914, Documents officiels*, t. III, p. 259.
(4) V. ce texte dans la *Revue générale de droit international public*, t. XXII (1915),
Documents, p. 50 ; Dalloz, *Rec. pér.*, 1915.4.78.

ennemis. De là la nécessité des séquestres. Cette extension est du reste intelligible et normale. De nos jours la guerre affecte les intérêts des peuples tout entiers. Il est juste qu'elle entraîne une mainmise sur les biens des sujets de l'ennemi. Le séquestre est un administrateur, l'administrateur du bien d'autrui, car les biens qui lui sont remis n'ont pas changé de maître, ils ne sont pas devenus un butin, ils n'ont pas cessé d'appartenir au particulier ennemi ou à la société ennemie objet de cette mesure, c'est un administrateur qui devra rendre compte à l'autorité publique qui l'a investi de son mandat. Le séquestre n'est pas le représentant du sujet ennemi, propriétaire des biens séquestrés.

Quels doivent être ses pouvoirs ? Il n'y a pas dans notre droit d'administrateur-type, et ce nom couvre quantité de situations assez différentes correspondant à des pouvoirs inégaux pour ceux qui les occupent. Essayons donc de définir ici les pouvoirs de l'homme par le but de la fonction à lui déférée. Le séquestre doit conserver et pour cela exploiter le bien suivant sa nature. S'il s'agit d'une propriété foncière, il la cultivera ou la fera cultiver, d'une maison il la louera, de marchandises il les vendra et en retirera le prix (qu'il placera obligatoirement à la Caisse des dépôts et consignations). S'il s'agit, comme c'est le cas le plus souvent, d'un fonds de commerce, il conservera les marchandises. Les circulaires prévoient un certain nombre de cas où il pourra continuer l'exploitation du commerce, nous les avons cités. Faut-il s'en tenir là ? Rien ne nous y oblige, une circulaire n'est pas la loi et nous pensons que l'on peut aller plus loin et que le séquestre pourra continuer l'exploitation simplement pour éviter que le fonds à lui confié perde sa valeur. Cela encore est contenu dans l'idée de conservation de la chose. On va peut-être se récrier et dire que le séquestre agirait alors dans l'intérêt de l'Allemand propriétaire. J'avoue que cette proposition elle-même ne me fait pas peur. Cet Allemand est demeuré propriétaire. Il est juste que sa chose soit conservée et administrée pour lui aussi longtemps qu'il garde cette qualité. Le dire propriétaire et laisser dépérir et disparaître sa propriété serait un subterfuge indigne de nous.

Le séquestre n'en est pas moins établi dans l'intérêt public, mais l'intérêt public n'est pas ici en contradiction avec l'intérêt privé du propriétaire. Nous le montrerons bientôt.

Le séquestre peut-il faire passer au propriétaire ennemi les produits de sa gestion ? En principe certainement non, le séquestre devra garder ou déposer les capitaux dont il se trouvera détenteur. Cela est élémontaire. Mais nous pensons qu'il devra remettre au propriétaire les sommes nécessaires à son entretien et à celui de sa famille. Sans cela cet entretien tomberait à la charge du trésor public français. Il s'agit bien entendu d'un propriétaire résidant en France ainsi que sa famille et n'étant pas prisonnier de guerre. S'il l'était, seul l'entretien de la famille pourrait être exigé. Les sommes à ce affectées seront assez modiques pour ne point servir d'occasion à des envois d'argent à l'étranger. Sous aucun prétexte cette limite ne sera dépassée.

Il faut noter encore que le séquestre administrant seul et sans aucune participation du propriétaire doit être réputé habile à tous les actes que l'administration comporte. Il peut payer les dettes, faire rentrer les créances et donner une mainlevée d'hypothèque ; il peut plaider si ses opérations donnent lieu à contestation ; il peut vendre et acheter lorsque la continuation de l'industrie ou du commerce est autorisée et aussi lorsque la conservation de la chose exige que des contrats de cette sorte soient passés. Il peut donner à bail, engager des ouvriers ou des employés, passer des marchés de fournitures ; il peut assurer des bâtiments ou des récoltes et renouveler des polices parvenues à leur terme ; il peut tout faire de ce qui se fait dans un but de conservation de la chose.

Le séquestre d'une filiale dont la tête est en pays ennemi peut-il garder des rapports avec cet établissement principal et modeler son action propre sur celle de cet établissement ? Certainement non. Fatalement, du jour de la guerre cette filiale devient indépendante et vit dorénavant comme établissement séparé.

Cet administrateur pourrait-il changer la destination des biens qui lui sont confiés ? En général, non. Pourtant, si cette transformation était prescrite par une réquisition de l'autorité militaire, si par exemple une usine sans emploi était requise pour des fournitures militaires, le séquestre répondrait valablement à la réquisition. Pourrait-il vendre ou hypothéquer ? S'il s'agit de meubles, la vente peut devenir nécessaire parce que les choses sont sujettes à dépérissement, mais le cas a été prévu. Pour les immeubles il n'en va pas de même. A la vérité on comprendra que le séquestre puisse hypothéquer, lorsqu'il n'existe pas pour lui d'autre moyen de se procurer les fonds nécessaires à la conservation de l'immeuble. On n'aperçoit pas aussi bien les cas où il devrait vendre, car vendre est le contraire de conserver. Il n'est pas impossible pourtant d'en imaginer. Au cas où un bien menacerait ruine et où le séquestre ne trouverait pas l'argent nécessaire à sa conservation, mieux vaudrait permettre de le vendre que de le laisser périr.

Pour les actes les plus graves, le séquestre devrait se pourvoir de l'autorisation du Président du tribunal par analogie de ce que les circulaires ont établi dans les hypothèses prévues par elles.

Telle est, à notre avis, l'étendue des fonctions du séquestre. Reste à justifier notre manière de vo'r. Nous dirons volontiers avec les jurisconsultes romains qu'il importe à la chose publique que les biens existant sur le territoire ne perdent pas leur valeur, même lorsque ces biens appartiennent à des étrangers et à des ennemis. Mais nous avons une raison plus pressante. Les biens appartenant à des ennemis sont pour l'État un gage qu'il ne faut pas laisser disparaître. Ils sont un gage, et rien de plus ni de moins. Il serait illégitime de les confisquer pendant la guerre, non pas parce que la guerre n'a pas lieu entre particuliers, ce qui est une formule vide de sens, mais parce que cette confiscation n'est en aucune façon nécessaire à la poursuite des hostilités. Mais, au moment du traité de paix, lorsque se posera la question des réparations et des indemnités, la mainmise de l'État sur les propriétés des sujets ennemis prendra toute sa valeur. Il sera utile alors que ces propriétés aient été conservées et non pas dissipées, car elles représenteront une valeur considérable que l'on pourra très légitimement faire rentrer dans le patrimoine national.

Tel nous paraît être le sens de l'institution des séquestres. Nous la considérons non comme un expédient, mais comme une mesure qui aura dorénavant sa place dans le droit de la guerre. Il serait souhaitable qu'elle fût dès à présent l'objet d'une réglementation détaillée par le moyen d'une loi ou d'un décret.

Une autre question, tout aussi délicate et importante, est celle que soulève l'effet de la guerre sur les traités diplomatiques. L'événement d'une guerre rompt les traités existant entre les puissances qui se font la guerre. Ce principe est certain, mais jusqu'où étend-il son action ? A ne considérer que les déclarations issues des chancelleries belligérantes, il semblerait que cette rupture atteint tous les traités passés entre elles sans exception aucune, et il faudrait dire alors que les conventions écrites en vue de réglementer l'état de guerre cessent elles-mêmes, la guerre survenant, de produire leurs effets. C'est ainsi que dans la presse allemande cette idée a été exprimée que le traité garantissant en cas de guerre la neutralité de la Belgique avait été rompu par la guerre elle-même. On ne réfute pas de semblables absurdités.

Donc, les traités faits en considération de l'état de guerre subsistent, c'est l'évidence même. Il faut noter ici une situation, fréquente autrefois, rare aujourd'hui, qui forme la conséquence inéluctable de ce principe. Il est possible que, dans un traité fait pour le temps de paix et condamné à tomber si la guerre survient, certaines stipulations aient été introduites qui visent au contraire l'état de guerre. Ainsi, dans un traité de commerce, des garanties sont introduites pour les sujets de deux nations, pour leurs biens ou pour leurs vaisseaux en temps de guerre. Ces stipulations survivront au traité, elles dureront pendant tout le cours des hostilités (à moins que le temps fixé pour le traité ne vienne à son terme auparavant) ; elles ne perdront leur autorité que si, après la paix conclue, le traité n'est pas renouvelé. C'est une situation bizarre, mais inévitable.

Occupons-nous maintenant des traités qui n'ont pas été faits pour la guerre. C'est naturellement de beaucoup le plus grand nombre. Quel sera leur sort ? L'adoption de l'idée de rupture de tout lien de droit entre les belligérants conduit à cette conséquence que tous ces traités sont de plein droit résiliés. Mais nous savons que cette idée n'est plus à la base du droit actuel : aussi, contrairement à la pratique demeurée très absolue, la doctrine admet des réserves et verse dans des distinctions. Indépendamment des traités faits pour la guerre dont nous avons déjà parlé, elle tient pour subsistants tous ceux qui ne touchent ni à la cause des hostilités ni aux moyens de les poursuivre, sauf à reconnaître que bien souvent ces traités sont en fait suspendus par suite des nécessités de la guerre.

Dans cette catégorie rentreraient les traités d'établissement, de commerce, les conventions protectrices de la propriété littéraire ou industrielle, les conventions postales et télégraphiques, les traités d'extradition, puis sans doute toutes les conventions relatives aux matières du droit privé. Au contraire, seront réputés résiliés les traités de paix, d'alliance, de subsides, et en général les conventions de nature politique.

Ces distinctions sont peu nettes et demanderaient en tout cas à être revues. Cette notion de conventions subsistant en droit et suspendues en fait n'a rien de satisfaisant pour l'esprit. On serait fondé à en conclure que, la guerre finie, leurs dispositions seraient applicables même aux faits qui se seraient passés pendant la guerre, et cela sans doute ne serait pas accepté. Mais ne nous attardons pas à ces critiques. Les tendances marquées par les guerres récentes vont au rebours de l'esprit de limitation en cette matière. Les guerres d'aujourd'hui sont plus générales qu'elles ne l'ont jamais été, et rien ne permet de supposer que dans un avenir prochain ce caractère s'altérera. Par leur extension elles englobent toute la population valide du pays, accaparent toute son industrie, réclament tous ses produits. Il est de plus en plus impossible d'imaginer que chez les belligérants une activité subsiste qui n'ait aucun rapport avec la guerre, impossible par conséquent que des rapports quelconques se maintiennent entre eux durant les hostilités. Cela doit avoir pour conséquence logique la rupture de tous les traités autres que ceux faits en vue de la guerre. Ces traités n'ont plus de raison d'être ; on ne sait pas s'ils en reprendront jamais, cela dépend des conventions qui seront faites à l'issue des hostilités. A quoi bon les conserver ? On conservera bien un traité alors qu'un simple obstacle de fait destiné à disparaître s'oppose à son exécution, mais ici l'obstacle est plus sérieux, et les traités sont relatifs à un certain état de rapports dont on ne sait pas s'il renaîtra jamais.

Dans la guerre nouvelle la solution rationnelle est la résiliation des traités, sauf à remettre en vigueur à la paix ceux qui ne paraîtront pas trop démodés. Observons seulement que cette résiliation n'a pas sa source dans l'impossibilité de tout lien de droit entre les puissances belligérantes, elle vient de la disparition de l'objet du traité.

La résiliation des traités due au fait de la guerre entraîne des conséquences obscures et menaçantes pour les traités à signatures multiples. On sait que l'une des préférences de notre époque a été pour ces grands traités appelés Unions par lesquels on a essayé de réaliser dans certains domaines le rêve de l'unité de législation. C'est encore l'essai d'une époque plus ambitieuse que prévoyante, car on ne paraît pas avoir songé aux difficultés que les circonstances pouvaient opposer au fonctionnement de ces grandes machines diplomatiques. Or la guerre crée une de ces difficultés. Les Unions sont-elles rompues par l'événement d'une guerre ? Cela dépend de leur objet et aussi de l'idée que l'on se fait des effets de la guerre sur les traités. Certaines Unions n'échapperont pas à cette cause de déchéance, parce qu'elles se rapportent au commerce et que le commerce est interdit. Une Union monétaire, une Union sur le trafic des chemins de fer ne pourraient pas subsister. On peut penser de même d'une Union postale ou télégraphique et même d'une Union sur la protection de la propriété industrielle ou littéraire.

Entre les belligérants les liens de l'Union seront rompus, et les principes propres aux traités de ce genre permettent d'affirmer qu'entre les co-contractants des belligérants l'Union subsistera. Mais cette Union ne sera-t-elle rompue que dans les rapports des belligérants entre eux, ne le sera-t-elle pas aussi entre les belligérants et les contractants demeurés neutres? La question est fort délicate. Il est certain que les traités de cette sorte ne sont pas écrits *intuitu personæ*, qu'un membre de l'Union peut la quitter sans compromettre l'existence de l'Union elle-même, aussi bien qu'un étranger peut y entrer par accession sans que l'on soit obligé de faire un nouveau traité. Mais de là à affirmer qu'un membre d'une Union puisse cesser d'en faire partie par rapport à certains membres de cette Union seulement (ses ennemis), tout en y restant par rapport aux autres membres de la même Union, il y a fort loin. Nous ne croyons pas que semblable situation soit possible ; elle aurait quelque chose de contradictoire. Ce serait à la fois être et ne pas être, et fatalement on arriverait par là à rendre illusoire la prohibition du commerce indirect avec l'ennemi. La solution la plus juridique de cette question est que les belligérants actuels ont cessé de faire partie des Unions auxquelles apparténaient également leurs ennemis.

Dans ce domaine encore l'esprit d'initiative a conduit à des entreprises imprudentes et à des difficultés sans issue. Faut-il dire que les traités dont nous parlons ont subsisté, on se trouve alors dans l'impossibilité de prendre à l'encontre de son ennemi les mesures de défense indispensables ; faut-il les regarder comme résiliés en ce qui concerne les belligérants, cela compromet singulièrement leurs rapports avec les neutres.

La question que soulèvent les Unions se pose aussi à l'occasion des grands traités politiques, comme les actes de Berlin du 13 juillet 1878 et du 26 février 1885, l'acte de Bruxelles du 2 juillet 1890, et tant d'autres. Ces actes perdent-ils tout effet à l'égard des belligérants ? Cela est d'autant plus probable que ce sont des traités politiques très sujets à subir l'influence de la guerre. Et qu'arrivera-t-il lorsque ces traités ne contiendront pas de clause d'accession ? Ne devra-t-on pas les refaire après la guerre ? Il est relativement facile de conclure un traité, et l'on est enclin à penser que l'on a fait une grande chose lorsque l'on a réuni autour d'un texte commun un grand nombre d'adhésions. Puis une guerre survient, et l'on s'aperçoit que ce grand édifice croule subitement. On ne l'avait pas prévue, et c'est bien en effet le tort que l'on avait eu.

Comme il y aura encore des guerres dans le monde, il sera d'une prudence élémentaire de prévoir le cas de guerre dans les instruments de cette sorte et de décider que leurs effets seront suspendus quant aux belligérants pendant la période des hostilités, et reprendront de plein droit au moment de la paix. Les belligérants demeureront libres de rester dans leurs rapports avec les neutres sous un régime analogue à celui du traité, mais ce ne sera pas un régime contractuel et chaque intéressé pourra y mettre fin par sa seule volonté.

Du reste, il est probable que le nombre de ces grands traités diminuera sensiblement dans l'avenir.

IV

La Distinction des Combattants et des Non-Combattants.

Le plus grand crime que l'on reprochera aux armées austro-allemandes sera d'avoir totalement méconnu la distinction des combattants et des non-combattants. Il n'est pas dans le droit de la guerre de règle plus essentielle que celle-là, il n'en est pas qui ait de si nombreuses et si importantes applications. Si l'on devait penser que ce discrédit n'est pas temporaire et que les guerres de l'avenir confondront dans un sort commun combattants et non-combattants, il serait tout à fait inutile d'écrire sur le droit de la guerre, car ce droit serait réduit à rien ou presque rien.

Cette distinction est aussi l'une des doctrines les plus anciennes qui existent, disons la doctrine primordiale. C'est par elle que l'on a commencé et c'est elle qui a frayé la voie aux progrès nouveaux qui ont pu être faits. Non seulement de tout temps on a loué les généraux qui épargnaient après la victoire les personnes faibles et inaptes au métier des armes, mais de très bonne heure cette habitude de générosité a tendu à devenir une loi. Les canonistes qui enseignaient que l'on ne peut justement faire la guerre qu'aux peuples de qui on a reçu quelque injure, demandaient que l'on épargnât les femmes, les enfants, les vieillards, les artisans, les laboureurs, les commerçants, les clercs et les moines : c'était restreindre l'emploi des armes à lutter contre ceux qui portaient eux-mêmes les armes. Les canonistes disaient qu'il faut épargner ces personnes parce qu'elles sont innocentes et ne doivent pas répondre du crime de leur Souverain. La raison n'était peut-être pas très bonne, car les hommes d'armes eux aussi étaient généralement innocents de l'injure dont la guerre poursuivait la réparation. C'était plutôt un prétexte appelé à justifier la volonté de limiter le feu des hostilités aux seuls combattants, mais cette volonté était très arrêtée, car, par un scrupule qui a disparu depuis longtemps, elle allait jusqu'à condamner en principe et sous la réserve de rares exceptions l'usage des moyens de guerre tellement aveugles qu'ils ne peuvent être employés contre les combattants sans menacer aussi les non-combattants. Tel est le bombardement. Il n'était autorisé que très exceptionnellement, seulement pour faire brèche dans les murailles et lorsque la prise de la place était d'une importance capitale pour l'assiégeant. De même, le pillage n'était licite que dans des cas très rares, et la doctrine canoniste réagissait de son mieux contre l'usage ancien qui admettait que l'on passât au fil de l'épée la population d'une ville prise d'assaut.

Ces ménagements se retrouvent dans la doctrine de Grotius et de ses successeurs, mais avec une base juridique moins solide. Ils n'y sont plus présentés comme constituant la manière normale et obligatoire de faire la guerre, c'est un simple devoir de conscience qu'un général chrétien modéré et sensible ne manquera pas de suivre. On sait par quelle étrange aberration Grotius qui était l'homme le plus doux du monde croyait devoir conserver à la guerre un caractère atroce par respect pour les idées de l'Antiquité classique. Le savant hollandais se condamnait ainsi à se faire le héraut d'un droit barbare qu'il recommandait expressément de ne pas suivre.

Ces contradictions cessèrent au XVIIIe siècle. Vattel nous dit très justement que, bien que tous les sujets de la nation ennemie soient des ennemis, nous n'avons pas contre eux tous le même droit. Les femmes, les enfants, les vieillards, les infirmes sont des ennemis qui n'opposent aucune résistance et contre lesquels par suite on n'est pas en droit d'user de violence. Il en est de même des ministres du culte, des gens de lettres et de toutes les autres personnes dont le genre de vie est fort éloigné du métier des armes. Le jurisconsulte observe que le peuple, les paysans, les bourgeois ont un droit égal à être épargnés dans un temps où la guerre se fait par troupes réglées et où tous les citoyens ne sont pas appelés, comme ils l'étaient dans l'Antiquité, à soutenir par les armes la cause de leur patrie. Il loue avec raison cet état de choses comme un progrès sur l'usage ancien.

Là est, à ce qu'il me semble, le véritable principe, celui que la raison commande de suivre, car la guerre elle-même doit être raisonnable. La guerre n'a jamais qu'un but, briser la résistance de l'ennemi et l'amener à composition. Pour cela l'emploi de la violence est légitime, mais il n'est légitime que contre ceux qui portent les armes et défendent par la force les droits prétendus par leur pays. Ces personnes sont les seules qu'il faille réduire à tout prix, car, elles réduites, l'adversaire tombe fatalement à la discrétion de son vainqueur.

Du reste, le progrès célébré par Vattel s'est évanoui, et, par suite de diverses circonstances, parmi lesquelles la politique militaire de la Prusse doit être mise au premier rang, un retour s'est produit vers l'état de choses ancien. Aujourd'hui, de nouveau tout citoyen physiquement apte à porter les armes est un soldat, mais cette transformation ne prive en aucune façon de son intérêt la distinction des combattants et des non-combattants. La population valide est enrégimentée et se sépare nettement de celle qui est inapte à la guerre : c'est cette dernière que l'immunité reconnue aux non-combattants protègera.

De nos jours l'idée que l'on ne doit pas user de violence envers ceux qui ne s'acquittent pas eux-mêmes d'un ministère de violence est un dogme pour la doctrine, elle est accueillie par les règlements militaires, elle est respectée par tous sauf par les Allemands : encore faut-il noter que les excès commis par les Austro-Allemands au cours de la présente guerre laissent loin derrière eux ceux qu'on leur a justement reprochés en 1870.

Cette immunité doit être bien comprise. Elle a été souvent mal entendue et formulée d'une façon inexacte. Beaucoup prétendent la justifier en citant l'adage célèbre : la guerre a lieu d'État à État, non de particulier à particulier. Le moindre reproche que l'on puisse adresser à cet adage qui en réalité est une formule creuse et dénuée de toute signification pratique, c'est qu'il donne à entendre que la guerre produit ses effets sur les États belligérants, et aussi, si l'on veut, sur les soldats qui les représentent sur les champs de bataille, mais non sur les particuliers désarmés et inoffensifs. Rien de moins soutenable que ce point de vue, non seulement dans la guerre présente, mais dans toutes les guerres de tous les temps. Lorsque deux États sont en guerre, tous les citoyens de ces deux États, quels que soient leur sexe, leur âge et leur profession, sont intéressés à cette guerre et en supportent le poids. Le sort de tous dépend des hostilités, le patrimoine de tous sert de gage aux dépenses écrasantes de la lutte, tous doivent le cas échéant obéissance à l'autorité militaire ennemie, tous sont, chacun dans la mesure de ses moyens, à la disposition de leur patrie. La guerre est également l'affaire de l'État et du dernier de ses sujets.

Ce qui est vrai, c'est que les actes de violence qui constituent l'essence de l'action hostile ne doivent être dirigés que contre ceux qui font partie de l'armée, à l'exclusion de la population civile, et encore cette restriction n'est-elle pas absolue. Il existe des cas assez nombreux dans lesquels il est matériellement impossible de séparer le sort des combattants de celui des non-combattants et où par suite ces derniers subissent fatalement l'effet des moyens de destruction dirigés contre les premiers. Dans l'attaque de vive force d'un village les habitants qui s'y trouvent recevront une part des coups dirigés contre les soldats, lors du bombardement d'une ville forte les obus ne feront pas de distinction, et quand au cours d'un combat naval un vaisseau de guerre sera coulé, il entraînera dans l'abîme les non-combattants qui pourront se trouver à bord, par exemple pour donner leurs soins aux blessés. Les blessures, la mort de ces personnes ne pourront pas être imputées à faute au belligérant qui les aura occasionnées, elles ne pourraient pas faire la base d'une demande en indemnité. Ce sont de purs malheurs amenés par les nécessités de la guerre.

Malgré ses imperfections, la distinction des combattants et des non-combattants n'en est pas moins la pierre angulaire du droit de la guerre, la restriction la plus importante, la plus juste, la plus humaine qui ait jamais été apportée à la liberté du belligérant.

Ses conséquences sont immenses. Avant de les énumérer, disons quelques mots d'une question qu'elle a fait naître. Puisque la condition du non-combattant est différente de celle du combattant, il est essentiel de savoir qui comprennent respectivement ces deux classes de personnes. Qui est un combattant, qui est un non-combattant? Il faut le savoir soit pendant la bataille, soit après, car le combattant régulier tombé aux mains de l'ennemi est un prisonnier de guerre, tandis que le non-combattant qui a pris part à la lutte est un coupable et sera passé par les armes.

La question a fort préoccupé la Conférence de Bruxelles en 1874. On se l'explique. Pendant la guerre de 1870-1871, de nombreuses compagnies de francs-tireurs s'étaient formées dans notre pays pour parer aux insuffisances de l'armée régulière. L'État-major allemand ne reconnut jamais à ces soldats la qualité de combattants réguliers, oubliant dans la circonstance ce que les Allemands eux-mêmes avaient fait en 1813. Il leur refusait quartier et brûlait régulièrement les villages dans le voisinage desquels les francs-tireurs avaient dressé leurs embuscades. Cependant ces corps francs s'étaient formés de l'aveu et souvent sur la demande des autorités françaises, ils combattaient loyalement, en soldats et ne faisaient rien que ce que l'état de guerre autorise.

Devait-on donc interdire la formation de ces compagnies franches ? Les petits États ne pouvaient même pas accepter que l'idée en fût émise ; ils exigeaient en outre que, si les habitants d'un pays menacé par l'ennemi se levaient en masse contre les envahisseurs, ces habitants fussent assurés du traitement que l'on accorde à des combattants réguliers. La discussion fut vive et approfondie à Bruxelles. Elle aboutit à l'adoption d'un certain nombre de résolutions que nous retrouvons dans les deux règlements de la Haye sur les lois et coutumes de la guerre sur terre (art. 1er). Les milices et corps de volontaires ont la qualité de combattants réguliers, à la condition : 1° d'avoir à leur tête une personne responsable pour ses subordonnés ; 2° d'avoir un signe distinctif fixe et reconnaissable à distance ; 3° de porter les armes ouvertement ; 4° de se conformer aux lois et coutumes de la guerre. De même (art. 2) la population d'un pays non occupé qui prend les armes à l'approche de l'ennemi est réputée belligérante, si elle porte les armes ouvertement et se conforme aux lois de la guerre.

Ce libellé n'est pas parfait et justifierait certaines critiques, mais nous ne nous arrêterons pas à les faire. Au surplus, ces textes sont loin d'avoir à l'heure actuelle l'importance qu'ils avaient en 1874. Durant ces quarante années le temps a marché et l'organisation militaire s'est singulièrement perfectionnée. Même dans les petits États, même chez les nations neutres, les cadres de l'armée se sont progressivement élargis jusqu'au point d'embrasser toute la population masculine valide de l'État. Dans une semblable organisation il ne reste plus de place pour les francs-tireurs ; les citoyens non soumis au devoir militaire peuvent aller grossir les rangs de l'armée régulière, ils ne sont jamais réduits à la nécessité de former des compagnies franches et l'État n'a pas intérêt à ce qu'ils en forment. D'autre part, l'énormité des armées modernes laisse bien peu de probabilité au succès d'une levée en masse. On aurait pu laisser tomber ces articles de l'acte de Bruxelles sans inconvénients notables.

Par contre, une difficulté se présente que l'on n'avait pas prévue. Il est élémentaire que tout soldat faisant partie de l'armée régulière est un combattant légitime. Il a paru superflu d'imposer au soldat aucune condition parce qu'en 1874 on avait sous les yeux des soldats qui répondaient partout aux conditions que l'on exigeait des francs-tireurs. Les choses ont bien changé. Des nécessités apparues au cours même de la guerre ont fait abandonner les uniformes que nos soldats portaient jusqu'ici. On leur a donné d'autres effets et, autant que nous pouvons en juger, des effets n'offrant plus cette absolue similitude d'aspect qu'avaient les uniformes anciens, de sorte que bien souvent ce n'est que la coiffure qui montre que l'on est en présence d'un soldat. Dans cette guerre où les règles du droit des gens sont si peu observées, cela est de faible importance, mais on aperçoit qu'il sera peut-être utile de prescrire à l'armée régulière de se munir de ce signe fixe reconnaissable à distance que les conventions imposent aux francs-tireurs.

Notons que, les conventions de la Haye n'étant pas, à mon avis (1), applicables à la guerre actuelle, on ne peut reprocher à personne d'avoir contrevenu aux dispositions dont nous parlons.

Voyons maintenant ce que contient cette immunité des non-combattants, quels sont leurs droits et quels sont leurs devoirs, et aussi quelles infractions ont été commises à ces principes au cours de la guerre présente.

Le règlement de la Haye a posé certaines lois à cet égard : « L'honneur et les droits de la famille, la vie des individus et la propriété privée, ainsi que les convictions religieuses et l'exercice des cultes doivent être respectés. La propriété privée ne peut pas être confisquée » (art. 46). « Le pillage est formellement interdit » (art. 47). « Aucune peine collective, pécuniaire ou autre, ne pourra être édictée contre les populations à raison de faits individuels dont elles ne pourraient pas être considérées comme solidairement responsables » (art. 50). Ces formules sont larges, trop larges même, car nous allons voir qu'elles ne peuvent pas être intégralement maintenues. Mais elles présentent un plus grave défaut auquel nous avons déjà fait allusion, c'est de figurer dans une section III qui traite de l'occupation du territoire ennemi, c'est-à-dire de l'autorité de l'armée sur la portion du territoire ennemi où elle s'est installée après en avoir refoulé au loin les défenseurs. Certes des excès peuvent être commis pendant l'occupation et il n'était pas inutile

---

(1) Cependant M. Paul Fauchille, dans la *Revue générale de droit international public*, t. XXII (1915), p. 403 à 408, soutient qu'à défaut de la convention de 1907, la convention de 1899 doit tout au moins recevoir application. Nous ne pouvons pas nous rallier à cette thèse. La distinction faite par M. Fauchille des textes et des prescriptions est une pure subtilité ; en outre il est inexact de prétendre que les rédacteurs des règlements de 1907 aient simplement codifié les usages antérieurs, puisqu'ils ont eux-mêmes opposé ces dispositions réglementaires aux principes du droit des gens résultant des usages (C. IV Préambule), que du reste beaucoup de ces dispositions sont nouvelles et qu'enfin leur interprétation par un traité non ratifié ne peut avoir rien d'obligatoire.

de les prévenir, mais ces excès sont beaucoup plus redoutables encore avant l'occupation, pendant la période de l'invasion, au moment où la lutte continue et où la population est exposée à toutes les brutalités du soldat exaspéré par l'ardeur du combat. Or de l'invasion il n'a pas été dit un mot dans le règlement. Est-ce donc que tout est permis jusqu'à la période de l'occupation ? Je sais bien qu'à la Conférence de 1899 le rapporteur, M. Rolin, a dit que ce qui était prescrit pour le cas d'occupation devait être appliqué à plus forte raison au cas de simple invasion (1), et cela est très raisonnable. Mais pense-t-on que ceux qui gouvernent la conduite de troupes en campagne auront cure du rapport de M. Rolin ? Pourrait-on sans tomber dans le ridicule leur reprocher de ne l'avoir pas lu ? En matière de traités, rien ne compte que ce qui a été écrit, et cela est tout particulièrement vrai des traités faits en vue de la guerre, alors que la liberté est pour chaque belligérant chose infiniment précieuse, et que l'espérance extrême que l'on puisse entretenir est de voir observé ce qui a été expressément et solennellement promis.

La coutume est meilleure, car elle ne tolère pas de distinction semblable. Un non-combattant doit être respecté simplement parce qu'il est un non-combattant.

Que doit-on respecter chez le non-combattant ? Sa vie d'abord, et l'idée du massacre d'une population désarmée nous fait horreur. N'est-ce pas assez des larmes que nous arrache la mort glorieuse des combattants ? Puis non seulement la vie du non-combattant, mais l'intégrité de son corps. Il n'est pas plus admissible qu'il soit blessé ou mutilé. Il doit rester en dehors des violences, et seuls les coups complètement aveugles peuvent l'atteindre. Cela eût valu sans doute la peine de le dire.

Jamais depuis très longtemps, peut-être depuis un temps immémorial, ce principe n'a été aussi complètement méconnu que dans la guerre actuelle, surtout à ses débuts et pendant la période de l'invasion. De tout temps des faits regrettables se sont produits et il n'est pas de guerre où des vies n'aient été sacrifiées qui auraient dû être épargnées, mais c'étaient des accidents, au lieu qu'au début de la guerre actuelle on s'est trouvé en présence d'un système calculé de meurtres et de dévastation. Déjà en 1870, et de la part des mêmes troupes allemandes, des tendances analogues s'étaient manifestées. Bien souvent les exploits des francs-

(1) *Conférence internationale de la Paix*, 18 mai-29 *juillet* 1899, nouvelle édition, 1ʳᵉ partie, p. 46.

tireurs, exploits qui n'avaient du reste rien d'irrégulier, ont été un pur prétexte employé à couvrir des violences inexcusables. Mais dans cette guerre l'exception est devenue la règle et il suffit d'ouvrir ce que l'on a appelé avec raison le martyrologe de la Belgique pour être édifié sur la moralité des Allemands.

Ici une énumération serait fastidieuse. Depuis que les troupes allemandes sont entrées en Belgique au mépris des traités, leur chemin a été jalonné par les cadavres de leurs victimes. Ici ce sont deux ou trois personnes seulement, là une vingtaine, plus loin cent cinquante, ailleurs plusieurs centaines. Les noms cités sont si nombreux qu'il n'y a peut-être pas une localité où le passage des troupes impériales n'ait été signalé par quelques assassinats. Des enfants, des jeunes filles sont massacrés, les notables de chaque commune, les ecclésiastiques en particulier payent de leur vie leur attachement à la patrie. Et ces meurtres furent l'occasion de scènes de sauvagerie inouïe. De nombreuses personnes ont été brûlées vives dans leurs maisons incendiées, d'autres furent torturées. On se souviendra en Belgique du curé de Clercq, vieillard de 80 ans qui fut attaché par les pieds à l'arrière d'un canon et traîné ainsi sur le pavé jusqu'à ce qu'il expirât. En France, ces atrocités se poursuivirent aussi nombreuses bien que moins étendues.

A quoi bon se lasser à en faire le récit ? On le trouvera dans les rapports que les Commissions d'enquête belge et française ont publiés. C'est la première fois, à notre connaissance, qu'au cours d'une guerre des Commissions sont instituées pour faire une enquête générale sur les forfaits commis par l'ennemi. Ces Commissions ont fonctionné jusqu'ici dans des conditions difficiles. Certes elles n'ont pas recueilli tous les faits qu'il serait utile de connaître, et qui sans doute seront connus plus tard. Ceux qu'elles ont relevés suffisent à révolter toute conscience d'honnête homme et à couvrir de honte les armées dont les officiers ont non seulement toléré, mais le plus souvent encouragé et ordonné ces excès. Les dénégations ici sont inutiles. Ces enquêtes ont été conduites avec tout le scrupule que donne l'habitude des choses de la justice. Elles citent leurs preuves, et ces preuves sont convaincantes.

Plusieurs milliers d'êtres inoffensifs sont ainsi tombés victimes de la fureur allemande. Quelles raisons donnaient de ces exécutions les chefs qui les ordonnaient? Ils n'en donnaient pas toujours, et nous remarquerons que, contrairement à un usage très généralement suivi chez les peuples civilisés, il ne paraît pas que dans la plupart des cas ces meurtres aient été précédés même d'un simulacre de jugement. La fantaisie d'un soldat, la parole d'un officier décidaient de la vie et de la mort.

Lorsque des raisons sont données, elles sont fort diverses. Le port d'une arme, même livrée à première réquisition, est un crime irrémissible. On nous rapporte qu'un petit enfant a été tué parce qu'il était porteur d'une douille de cartouche allemande. Quelquefois le geste d'adieu d'une personne que l'on emmène est interprété comme un signe fait à l'ennemi ; le plus souvent on ignore même sous quel prétexte la mort a été donnée.

Les défenseurs des pratiques allemandes disent qu'une armée qui se trouve en pays ennemi a avant tout le devoir de se protéger contre une population malveillante ou hostile et que cette protection exige une promptitude et une rigueur dans la répression que l'état habituel des mœurs ne connait pas. Tel est, en effet, le prétexte sous lequel ces violences sans nom ont été commises. Dans le tumulte qui accompagne la prise de possession d'une ville ou d'un village, un soldat a été tué ou blessé. Immédiatement, on fusille par mesure de représailles parfois tout un groupe de citoyens. Un soldat a été blessé ou tué, mais par qui ? Le commandement ne prend même pas la peine de s'en enquérir. Certainement un habitant est le coupable, les autres doivent payer pour lui. Avec de tels raisonnements, on pratiquera nécessairement une guerre de sauvages. Il est, en effet, impossible que de semblables accidents ne se reproduisent pas fréquemment. La lutte est à peine finie, les derniers coups de feu des soldats qui se retirent peuvent encore faire des victimes, des armes peuvent être déchargées imprudemment ou par simple accident, des habitants ont parfois à se défendre contre les pires violences d'hommes surexcités par le combat. Rien de tout cela ne compte un instant. Tout ce qui peut arriver arrive par la faute d'un habitant et de tout cela tous les habitants sont responsables. C'est une règle fort commode évidemment, mais alors ne parlons plus de respect pour la vie de la population désarmée.

Ou bien, si l'on veut véritablement faire observer ce principe, qu'on ne le fasse pas suivre dans les règlements ou dans les conventions internationales par des réserves qui ne sont que des pièges où il disparaît. Que l'on décide simplement que la vie des non-combattants sera respectée. Si ces non-combattants prennent les armes et combattent, il sera temps de leur faire porter la peine de l'acte coupable qu'ils auront commis, et cette peine sera justement grave, mais elle sera dirigée au moins contre des coupables et n'anéantira pas l'autorité du principe tutélaire sur lequel repose le droit de la guerre.

On a pu constater qu'au début des hostilités la rage allemande s'est tournée d'abord contre les ministres de la religion. C'est au moins étrange de la part des soldats d'un Empereur qui ne balançait pas à s'attribuer une mission providentielle et qui affirmait savoir de science certaine que ses armes étaient bénies de Dieu. En Belgique comme en France, les prêtres se sont souvenus de ces évêques du temps des invasions que l'on appelait *defensores civitatis*. Ils sont restés au milieu de leurs ouailles et beaucoup ont payé de leur vie leur attachement au devoir. Ces vénérables victimes ont été nombreuses, en Belgique surtout : le martyrologe des prêtres belges contient plus de deux cents noms ; plusieurs ecclésiastiques français ont péri aussi, soit des coups qui leur ont été portés, soit des fatigues excessives qu'ils ont subies. Le fait d'avoir fait sonner les cloches aux heures des offices était un crime ; un signe, une parole devenaient des actes de trahison, et les malheureux prêtres étaient conduits à la bataille en tête d'un peloton allemand sans boire ni manger comme le curé d'Esternay, ou torturés jusqu'à la mort comme le curé de Sompuis. Ces actes de brutalité seront à la honte éternelle des armées allemandes.

Parmi les violences commises à l'égard des non-combattants, il en est une catégorie que l'on ne peut qu'effleurer. Il faut la mentionner cependant. Dans des cas fort nombreux, l'honneur des femmes et des jeunes filles a été violé, souvent avec des raffinements de cruauté inouïs. Il nous serait pénible d'insister, nous renvoyons au texte des enquêtes officielles. Le soldat allemand, bien loin de taire ces turpitudes, s'en vante hautement (nous le savons de source certaine). Nous serions curieux de savoir aussi si la science allemande juge que ces procédés rentrent dans la notion de la Kriegsraison et si le gouvernement impérial trouve dans cet usage de la force un nouveau signe de la supériorité de la civilisation allemande. Ce qu'il faut dire, c'est que des excès de cette sorte ne s'étaient pas produits depuis longtemps à la guerre, si ce n'est sous la forme d'actes isolés et clandestins comme le sont les crimes. Il faut remonter, je crois, très loin, peut-être jusqu'à la guerre de Trente ans, pour rencontrer des abus semblables ; les guerres du XIXe siècle n'en ont pas été entachées, à l'exception de la guerre d'Espagne sous le premier Empire. Il est douloureux de voir renaître une forme de barbarie que l'on croyait disparue pour jamais.

En matière de mauvais traitements la guerre de 1914 a vu éclore des pratiques nouvelles. Tels ont été ces cas trop fréquents où des personnes inoffensives furent utilisées par les soldats ennemis pour arrêter l'action hostile des troupes adverses. Tantôt c'est un pont que l'on garnit de non-combattants pour pouvoir le passer impunément, tantôt une troupe en marche place devant elle des habitants désarmés, ou bien encore des otages sont obligés de se tenir debout aux côtés des combattants au plus fort de la bataille. Ceci est un procédé nouveau. On avait vu des émeutiers placer en tête de leur cortège des femmes et des enfants pour empêcher la troupe de charger, mais jamais, dans une guerre régulière, des combattants n'avaient encore recouru à un pareil subterfuge. Il est clair que cette façon de faire n'a rien de commun avec l'honneur militaire. Nous dirons volontiers qu'il est contraire à la dignité du soldat de s'abriter derrière des non-combattants. C'est une lâcheté, et dans une armée honorable on ne commet pas de lâchetés. Pour ces non-combattants le danger n'est pas plus grand que celui que leur fait courir la licence sans frein de l'ennemi, mais chez celui qui l'employe le procédé a quelque chose de particulièrement odieux. Inutile de dire qu'il est absolument contraire aux usages de la guerre. Si de semblables pratiques devaient se renouveler, — et il est toujours à craindre qu'il en soit ainsi, — elles provoqueraient l'exode de la population de tout territoire occupé et la disparition de ses ressources. On ne voit pas quel avantage le vainqueur pourrait y trouver.

De même que la vie des non-combattants, le droit prend sous sa protection leur liberté. Il ne s'agit pas ici d'une liberté complète. La condition d'un peuple dont les terres sont au pouvoir de l'ennemi ne ressemblera jamais à ce qu'elle est en temps ordinaire. La discipline sera plus rigoureuse, la loi pénale plus étendue, la liberté moins grande. Cela s'entend de soi-même. Mais cette liberté, en tant qu'elle demeure inoffensive, doit subsister. Le mérite de la théorie de l'occupation, telle qu'elle a été conçue et pratiquée jusqu'à ce jour, est de laisser la population du territoire occupé vaquer paisiblement à ses travaux habituels sous l'autorité de l'occupant qui n'est pas un souverain, mais une sorte de gérant de la souveraineté. Cet état de droit n'est déjà plus qu'un souvenir grâce à la pratique des prises d'otages. Traditionnellement on entendait par otages des personnes que se livraient les Souverains en sûreté des promesses qu'ils avaient échangées dans un traité. C'étaient le plus souvent de grands personnages. Leur sort ne fut pas toujours sans péril, car leur vie garantissait la parole donnée ; puis, grâce au progrès des mœurs, ils n'eurent plus à craindre qu'un exil plus ou moins prolongé et généralement entouré de toutes les douceurs possibles. Ce même mot n'a plus du tout le même sens. Déjà, en 1870, les Allemands, redoutant les dommages que les corps francs faisaient subir aux voies ferrées et les accidents qui en résultaient, avaient imaginé de faire monter sur les locomotives des otages pris parmi les plus notables habitants des villes occupées par eux. C'était irrégulier, arbitraire et par surcroît assez naïf, car la garantie était presque toujours vouée à l'inefficacité. Au cours de la présente guerre, les prises d'otages ont eu une importance tout autre. Au fur et à mesure de l'avance allemande en Belgique et en France, le commandement se saisit des hommes, des jeunes gens, des vieillards, parfois même de femmes et d'enfants, pour les emmener en Allemagne où ils sont internés dans des camps et réduits à la condition de prisonniers de guerre. Ainsi ces transportés se comptent par milliers et comprennent régulièrement tous les notables des pays occupés.

A quoi répond cette vexation nouvelle, absolument contraire à la notion de l'occupation, absolument arbitraire aussi et odieuse ? On comprend l'internement des prisonniers de guerre, il faut les garder pour les empêcher de reprendre leurs armes, mais des hommes, des femmes, des jeunes gens, des enfants, toutes personnes étrangères à l'armée, pourquoi les soumettre à un semblable traitement ? Pour les jeunes gens on a pu alléguer la crainte de les voir s'enrôler au premier moment sous les enseignes de leur patrie, mais encore faut-il pour cela qu'ils quittent le territoire occupé et la chose n'est point facile. Du reste, une simple crainte ne suffit pas à fouler aux pieds les droits qui découlent de la condition de non-combattant. Pour tous autres on n'aperçoit même pas de prétexte à un semblable traitement.

On appelle ces personnes des otages. Otages de quoi ? Il n'y a pas de traités dont ils répondent. Otages responsables de la bonne conduite de leurs concitoyens peut-être ? C'est une idée qui ne pourrait pas être soutenue sans ridicule. Quelle action peuvent avoir sur leurs concitoyens des hommes enfermés à cent lieues, on ne sait pas où, et privés souvent même de la faculté de correspondre avec leurs proches ? C'est un trait de barbarie, et rien de plus.

Et cette façon de faire ne doit pas s'appeler seulement une vexation de plus, c'est un supplice. Ces otages commencent à rentrer. On les renvoie non par humanité, mais parce que l'on a une peine croissante à les nourrir. Ils reviennent et ils racontent à quels traitements odieux ils ont été soumis. Les animaux sont mieux traités dans leurs étables qu'ils ne l'ont été dans leurs prisons. Beaucoup ont passé la saison froide couchés dans la boue, la nourriture qui leur était dispensée était insuffisante et souvent infecte, aucune humiliation ne leur fut épargnée. Beaucoup sont morts, beaucoup mourront encore dont les noms iront grossir les listes des personnes assassinées par les Allemands.

On croyait cependant avoir fait beaucoup à la Haye pour les prisonniers de guerre. Des règles avaient été posées, un contrôle prévu, des communications établies, et cela n'a servi à rien. Ces prisonniers qui n'auraient jamais dû être en prison n'en ont pas moins payé de leur vie ou de leur santé le malheur qui les a fait tomber aux mains des Allemands.

Un tel crime est moins visible que beaucoup d'autres, il n'en est pas moins fort grave. Il est grave en lui-même et aussi par les conséquences éloignées qu'il comporte. Si l'on s'accoutume à faire porter le poids direct des hostilités même sur des non-combattants qui à ce titre devraient rester hors de la guerre, on en viendra par une progression naturelle à exercer des représailles même après la guerre et à éterniser ainsi l'état d'hostilité.

Ces craintes ne doivent point passer pour absolument chimériques. Que dira-t-on en France et en Russie lorsqu'à la paix, au moment où s'échangent les prisonniers, on connaîtra le nombre de ceux qui arrêtés au mépris de toutes les lois du droit des gens auront péri dans la plus abjecte misère ? Qui pourra lutter alors contre l'indignation qui se fera jour et quelles résolutions ce sentiment bien légitime suscitera-t-il ? Les Empereurs allemands poussent au delà de toutes limites leur système d'abus de la force. Ils ne songent pas que la victoire n'est jamais certaine et qu'un jour peut venir où il ne servira rien de dire : c'est la guerre, et où la somme des colères qu'ils auront amassées les mènera plus loin que leur vue ne porte aujourd'hui.

On a parlé beaucoup en France et en Angleterre des sanctions pénales possibles des excès commis à la guerre. C'est un sujet plein de difficultés et dans lequel nous n'entrerons pas. Mais il faut reconnaître que des faits comme ceux-ci seraient propres à justifier l'ouverture de procédures criminelles. Quantité de meurtres sont commis, quantité de sévices infligés que l'état de guerre n'excuse en aucune façon. Il serait juste que ces crimes fussent punis. Mais leur poursuite ne serait pas elle-même sans inconvénients, et nous n'entendons pas trancher à la légère une question aussi ardue (1).

(1) J'entends parler du projet de réserver au moment de la paix la possibilité de pour-

Sur un autre point encore la distinction des combattants et des non-combattants paraît avoir été méconnue. Il est absolument interdit d'obliger la population civile du pays envahi ou occupé à prendre part aux opérations de guerre contre sa patrie. La rédaction de la formule exacte de cette interdiction a fait grande difficulté à la Conférence de la Haye de 1907, mais sur le principe lui-même aucun doute n'existe dans l'esprit de personne. A cette idée une seule exception est admise, la faculté de prendre des guides dans la population du pays où l'on se trouve. Ce n'est pas que des réquisitions de services ne puissent être faites en pays occupé. Ces réquisitions sont nécessaires, elles sont constantes, mais elles ne doivent entraîner aucune participation aux hostilités. Cette réserve est trop claire pour demander des explications. On peut requérir des terrassiers pour construire une route, mais non pour aménager une batterie, pas davantage pour établir un tronçon de voie ferrée d'une importance purement stratégique. On peut obliger des pompiers à éteindre un incendie, mais non pas à projeter des liquides asphyxiants. Les habitants du pays doivent être tenus en dehors de tous les travaux ayant un rapport direct avec les hostilités.

Il semble bien que cette loi certaine a été méconnue. De notables industriels de Roubaix n'ont-ils pas été emmenés en captivité parce qu'ils avaient refusé de travailler pour les armées allemandes ? J'ai lu ou entendu dire plusieurs fois que des ouvriers avaient été obligés de creuser des tranchées pour les troupes germaniques. Ces faits sont certainement moins odieux que les excès déjà rapportés, ils seront mieux connus plus tard qu'ils ne le sont actuellement. Ils constituent encore une dérogation notable aux usages de la guerre et un encouragement à supprimer toute distinction entre combattants et non-combattants. A ce titre ils sont fort regrettables.

Nous ne prétendons pas ici à une énumération complète. Les attentats contre les non-combattants ont été trop nombreux pour que l'on prétende les citer tous. Plus loin, en traitant des armes permises et des armes prohibées, nous aurons à en mentionner d'autres encore.

Dans le nombre des excès commis par les Allemands au cours de cette guerre, une catégorie doit être mise à part, parce qu'elle concerne une catégorie de non-combattants que l'on s'était habitué à considérer comme particulièrement couverte de la protection du droit, je veux par-

suivre et de punir les auteurs des sévices commis sur les prisonniers. Une telle punition serait souhaitable, mais comment découvrir les vrais responsables ? et comment concilier ces poursuites avec le rétablissement de la paix ?

ler des blessés. Les blessés sont des hommes impuissants à combattre plus longtemps ; la noble origine de leurs maux en faisait des êtres sacrés pour les Romains déjà. On sait que la convention de Genève du 22 août 1864, refaite le 6 juillet 1906, et étendue à la guerre maritime par les conventions de la Haye, a été consacrée à la protection des blessés. Ces textes veillent à soustraire aux horreurs de la guerre, dans la mesure du possible, le personnel sanitaire, les ambulances et hôpitaux, les convois d'évacuation. La convention de 1864 n'avait pas posé le principe de l'inviolabilité des blessés eux-mêmes par une sorte de pudeur, parce qu'il n'est pas permis de penser que des soldats se permettent jamais d'achever des blessés. Quelle naïveté ! Les soldats allemands massacrent les blessés, souvent sous les yeux de leurs chefs. Un des rapports de la Commission française d'enquête porte sur ce sujet. On voit en le lisant que ce n'est pas une fois, mais cent fois peut-être que cette honteuse infraction aux lois les plus élémentaires de l'humanité a été commise. L'exemple de l'ambulance du D'' Sédillot restera dans la mémoire de tous, mais ce n'est qu'un exemple et combien d'autres peuvent être cités. J'ai vu moi-même des officiers revenant du front et ayant assisté à des massacres de ce genre. J'ai entendu un major blessé me dire qu'il lui suffisait de hisser sur un arbre le drapeau de la Croix-Rouge pour attirer cinq minutes après une pluie d'obus sur cet arbre, qu'il en avait fait maintes fois l'expérience, qu'elle avait toujours réussi. J'ai entendu un autre médecin chargé des évacuations raconter qu'il n'avait eu la paix qu'après avoir fait disparaître de ses voitures les insignes de la Croix-Rouge.

Le reste n'est que simples peccadilles. On entend parler d'ambulances qui ont été prises, une ambulance ne devrait jamais être prise ; des médecins, des infirmiers sont retenus pendant des mois prisonniers en Allemagne, ils ne devraient jamais être prisonniers.

Bref les Allemands se conduisent comme s'il n'y avait jamais eu de convention de Genève, ni de coutume protectrice des blessés, et ce n'est pas un des caractères les moins inquiétants de cette guerre d'avoir déraciné ainsi les conventions les plus anciennes et les usages les plus sacrés. Au surplus, ne nous étonnons de rien. On a enseigné aux Allemands que la possession d'une force plus grande est le signe de la seule supériorité qui existe. Ils en ont conclu que tout usage de la force est chose légitime, et comme à la guerre l'essentiel est d'en finir au plus tôt avec l'ennemi, et que du reste cet ennemi est un être inférieur et indigne de respect, pourquoi n'achèverait-on pas les blessés ? Cela peut jeter la terreur dans l'âme de l'ennemi et hâter la victoire des armes allemandes. Le massacre des blessés rentre dans la Kriegsraison.

C'est par de tels raisonnements que l'on s'achemine vers une barbarie que la race humaine n'a peut-être jamais connue. Loin d'intimider l'adversaire, de semblables procédés ont pour résultat le plus sûr de l'irriter. Ces excès amènent des représailles, et comme au cours d'une guerre un parti n'est jamais certain d'être toujours le plus nombreux et le plus fort, il est exposé à souffrir cruellement de sa propre inhumanité.

La convention de Genève est parmi les ruines les plus déplorables que cette guerre ait entassées. On ne peut pas lui faire les reproches que méritent les conventions de la Haye, elle n'est ni trop étendue ni difficile à observer. Toutes les nations l'ont ratifiée, et il n'est pas à craindre qu'elle demeure une lettre morte comme les conventions de 1907 et peut-être celles de 1899. Son principe est simple et personne ne saurait le contester. La remettra-t-on en vigueur après la guerre ? On y sera porté et même on observera que toute adhésion nouvelle est inutile puisqu'elle n'a jamais été formellement résolue bien qu'elle n'ait pas été observée. Il semble qu'il n'y aura qu'à laisser aller les choses. Que l'on se méfie beaucoup de cet optimisme. Si l'on espère dans l'avenir, si l'on se dit que cette guerre est une exception après laquelle les peuples reviendront d'eux-mêmes aux pratiques d'une guerre humaine, il arrivera ceci : la convention de Genève ne sera dénoncée par personne, mais elle ne sera observée par personne. Rien n'est pire, à notre avis, pour une convention que d'être simplement méconnue. Mieux vaudrait pour son autorité qu'elle fût dénoncée. Dénoncée, on tâcherait après la guerre de reprendre les choses et de la refaire en meilleurs termes, — il ne serait pas impossible en effet d'améliorer et surtout de simplifier la convention de Genève ; — simplement méconnue, on s'accoutume à ne pas la prendre au sérieux, et de même qu'on ne l'a pas observée dans le passé, on ne l'observera pas davantage dans l'avenir.

En tout cas, il importe de se bien pénétrer de cette idée qu'il ne suffira pas aux signataires de la convention de Genève de déclarer à la première occasion qu'ils s'engagent à la respecter désormais. Cette promesse ne vaut pas mieux que la précédente, et celle-ci a été impunément violée. Il faudra trouver quelque chose de mieux ou bien on fera œuvre vaine.

La distinction des combattants et des non-combattants n'appartient pas seulement à la guerre terrestre ; elle intéresse tout autant la guerre maritime, et sous ce nouvel aspect elle prend même une acuité particulière. La guerre maritime se poursuit à la fois contre la marine militaire et contre la marine marchande de l'ennemi. Contre la première toutes les violences sont bonnes. On canonne un navire de guerre pour l'obliger à abattre son pavillon ; si l'on n'y parvient pas, on le coule. Cela est de bonne guerre. En général, à bord d'un tel navire on ne trouve que des combattants ou des hommes assimilés à des combattants. Si par rencontre il s'y trouve des non-combattants, ils partageront le sort commun. Il y a impossibilité matérielle à ce qu'ils soient épargnés.

A bord des navires de commerce, il n'y a au contraire que des non-combattants. La guerre qui leur est faite vise la navigation et le commerce de l'ennemi, mais pas du tout ses marins du commerce. Ceux-ci doivent donc rester indemnes et ne pas souffrir dans leur corps d'une guerre uniquement dirigée contre leurs biens. Il y a une vingtaine d'années cette règle était absolument respectée. Les navires ennemis pouvaient être saisis et confisqués par sentence d'un tribunal de prises. Il en était de même de la marchandise ennemie lorsqu'elle était embarquée à bord d'un navire ennemi (déclaration de Paris du 16 avril 1856). De même, des navires quelconques (neutres ou belligérants) étaient exposés à la confiscation quand ils tentaient de forcer un blocus ou quand ils transportaient de la contrebande.

Mais, dans l'exercice des droits du belligérant, tout était organisé de façon à épargner aux marins du commerce toute lésion personnelle. Il leur était enjoint de s'arrêter par un coup de semonce tiré à blanc et on ne tirait à boulet sur eux que s'ils avaient refusé d'obéir. Lorsque le navire paraissait suspect, on mettait à son bord un équipage et c'est ainsi qu'il était amené dans le port du capteur où il devait être jugé. De même, en cas de blocus, le forceur de blocus ne courait le risque d'être coulé que s'il résistait aux injonctions qui lui étaient adressées. La seule question concernant les marins eux-mêmes était la question de savoir s'ils peuvent être faits prisonniers de guerre, et encore l'opinion était-elle très partagée sur ce point (Comp. convention de la Haye 1907, n° XI, art. 6).

Les choses ont singulièrement changé dans ce domaine depuis quelques années, et tout particulièrement au cours de la guerre actuelle. Elles ont changé dans un sens franchement mauvais et qui donne à la guerre sur mer un caractère incontestable de barbarie. La révolution s'opéra d'abord en matière de blocus par la pratique du blocus à l'aide de mines sous-marines. On entoure l'entrée du port que l'on veut bloquer d'un cordon de mines, et le bateau imprudent qui s'aventure dans ces parages a toutes chances de couler corps et biens, trop vite pour pouvoir sauver personne de son équipage ou de ses passagers. Combien cela est loin du blocus ancien. Notons que le navire de commerce peut ne rien savoir de l'existence de ces mines, elles ne sont pas visibles comme est visible une escadre de blocus. Sans doute une notification aura été faite par la voie diplomatique, mais il ne la connaît peut-être pas, il n'en périra pas moins. Quant à la notification individuelle qui d'après l'usage ancien lui aurait été faite, il ne peut pas en être question. On voit combien la situation s'est aggravée et comment un droit dirigé jadis uniquement contre les biens est devenu mortel pour les personnes et pour des personnes qui ne combattant pas devraient rester en dehors des hostilités.

Ce changement d'habitudes a un autre défaut. L'usage ancien permettait à certains navires de franchir la ligne de blocus, particulièrement à ceux que leurs avaries exposaient à une perte probable. On leur permettait d'aller à la côte procéder aux réparations les plus urgentes. Ces atténuations ne sont plus possibles avec les procédés nouveaux. Les mines sont sourdes et aveugles ; si l'on essaye de passer, fût-ce pour le motif le plus légitime, on est coulé.

Mais cela n'est pas encore le pire. La guerre sous-marine dirigée contre les bateaux du commerce ruine de fond en comble la distinction si humaine et si nécessaire des combattants et des non-combattants. On coule un navire marchand comme on coulerait un navire de guerre ; les marins du commerce, les passagers que le navire transporte sont tout aussi exposés que les marins de la flotte, et comme ici le nombre de vies compromises est beaucoup plus considérable qu'il ne l'est là, un coup d'œil permet de mesurer la prodigieuse aggravation apportée par ce nouvel usage aux maux de la guerre. Nous devons traiter ce sujet dans un chapitre ultérieur, contentons-nous de le mentionner ici.

Ces questions qui touchent à la distinction des combattants et des non-combattants sont vraiment la pierre angulaire du droit de la guerre.

Cette distinction ne doit pas disparaître ; ce serait la ruine complète de notre discipline, ruine infiniment déplorable non pas pour le droit qui n'existe pas pour lui-même, mais bien pour les services qu'il rend à la société, pour l'humanité et la civilisation.

Ceux qui devront élaborer le nouveau code du droit de la guerre auront en cette matière une tâche bien ardue à remplir. Dans la guerre terrestre, ces violations nombreuses de l'immunité des non-combattants ne sont que des crimes contre lesquels on peut formuler des lois et établir des peines ; mais, dans la guerre maritime, ces mêmes excès sont liés à l'invention de nouveaux moyens de combat, ce qui fait la question beaucoup plus grave. On ne renoncera pas à user de ces moyens, c'est certain ; on y renoncera d'autant moins qu'ils fournissent à des belligérants épuisés une arme indispensable, et cependant on ne peut pas admettre que des cas comme celui du *Lusitania* se reproduisent à l'avenir.

Sur des points pareils les jurisconsultes ne doivent pas désarmer, ils se déshonoreraient, mais combien leur tâche sera difficile !

V

Des armes permises et des armes prohibées.

Quand on parle d'armes permises ou prohibées on emploie une terminologie trop étroite, il faudrait parler de moyens de nuire permis et de moyens de nuire prohibés, car on ne combat pas seulement son ennemi par la force, mais aussi par la ruse, et il faut considérer en outre que certains moyens très légitimes dans les circonstances ordinaires peuvent prêter parfois à de sérieuses discussions. Le bombardement nous en fournira un bon exemple.

En aucun temps, au moins jusqu'à la guerre présente, on n'a admis que toutes armes fussent bonnes contre un ennemi, mais l'esprit des interdictions que l'on a tenté successivement de faire observer a changé suivant les époques.

Au moyen âge l'opinion des militaires toute pénétrée de l'esprit de la chevalerie était que l'on ne doit user que des armes dont l'emploi exige du courage personnel et permet à l'ennemi de se défendre. Le combat à l'arme blanche remplissait seul ces conditions. De là l'aversion que l'on montra d'abord pour ceux qui se servaient d'armes à feu et même d'arbalètes. Il paraissait peu digne d'un combattant honorable de frapper de loin son adversaire sans le prévenir de quelque façon, ou même sans être vu de lui. On refusait quartier aux arquebusiers parce que l'on voyait en eux des criminels. Mais la nécessité si pressante à la guerre ne devait pas tarder à faire taire ces scrupules.

Plus tard le point de vue changea et on eut tendance à proscrire les armes dont l'effet serait trop meurtrier. On considérait alors comme illicite l'emploi des boulets à chaîne, non qu'il y ait quelque chose de particulièrement cruel dans ce moyen de nuire à son ennemi, mais parce que cet engin peut atteindre un trop grand nombre d'hommes d'un seul coup. Il est curieux de noter que l'on s'est servi dans la guerre actuelle de boulets à chaîne pour désorganiser les clôtures de fils de fer.

Pour la même raison on prohibait encore d'autres engins dont nous ne connaissons plus que le nom, les couronnes foudroyantes par exemple. Ce sont des motifs analogues qui faisaient proscrire les engins nouveaux lorsque l'on en inventait. L'usage du canon ne fut permis d'abord que contre les murailles et on discuta plus tard la légitimité de l'emploi des torpilles. Cette résistance elle aussi a été infructueuse et nul ne songerait à la prolonger de nos jours.

Mais alors on s'est porté à une autre idée et cette idée hier encore était reconnue de tous. Puisqu'il est impossible de condamner un moyen de combat à cause de sa trop grande puissance, au moins est-on en droit de rejeter l'emploi des armes qui causent aux blessés des souffrances inutiles, par exemple les projectiles mêlés de chaux ou de verre pilé. Ajoutons à cela que depuis une antiquité reculée le poison était proscrit comme une arme de lâche indigne d'un combattant loyal (1).

C'est par application de ces idées que la déclaration de Saint-Pétersbourg du 11 décembre 1868 a prohibé l'usage de projectiles explosibles ou chargés de matières fulminantes, s'ils ne pèsent pas 400 grammes.

Dans le même esprit, la convention IV de la Haye, que je cite à titre purement documentaire, car son autorité ne s'étend pas à cette guerre, a dit dans son article 23 que l'usage du poison est interdit et que l'on ne doit pas employer des armes, des projectiles ou des matières propres à causer des maux superflus. Ajoutons à cela que deux déclarations émises à la Haye en 1899 et encore en vigueur défendaient l'usage des projectiles ayant pour but unique de répandre des gaz asphyxiants ou délétères et des balles s'épanouissant dans le corps humain. Une troisième déclaration faite pour cinq ans proscrivait le jet des projectiles du haut des ballons. Elle fut renouvelée en 1907, mais ne fut pas ratifiée par les belligérants actuels. Sauf la dernière, toutes ces interdictions répondaient aux suggestions de l'humanité. Quant à celle-ci, elle constituait une nouvelle et infructueuse tentative de prohiber l'usage d'un moyen de guerre récemment inventé.

Toutes ces lois ont été violemment écartées. Elles étaient dignes d'un meilleur sort, car elles formaient un legs du passé et représentaient un

---

(1) Au cours d'une campagne coloniale provoquée par la présente guerre, les Allemands auraient empoisonné des puits en y jetant de l'arsenic. Si le fait est vrai, ils ont violé en ce faisant la plus vieille maxime du droit de la guerre.

effort méritoire tenté en faveur de la civilisation de la guerre. Leur violation signifie que la souffrance inutile est elle-même un moyen de
guerre auquel l'Allemagne ne veut pas renoncer.

Distinguons cependant. L'une de ces prohibitions était véritablement
imprudente et fort peu raisonnable, celle qui concerne les projectiles
jetés du haut des ballons. Voilà un moyen de guerre essentiellement
nouveau, un moyen par lequel on peut atteindre à des résultats que les
autres procédés connus n'obtiennent pas, un moyen qui n'est du reste
ni plus cruel, ni plus destructif que tant d'autres. De quel droit vien-
drait-on l'interdire et peut-on penser que cette interdiction sera jamais
écoutée ? On ne pouvait pas l'espérer et du reste il n'est pas mauvais
qu'il en soit ainsi.

Mais pour les autres interdictions on ne peut pas raisonner de même.
Il est fort regrettable qu'elles aient été négligées. Les balles dites dum
dum font dans le corps humain des ravages effrayants et absolument
inutiles, car c'est au contact d'un os que la balle s'épanouit. Or une balle
qui touche un os met son homme hors de combat pour longtemps. On
soutient souvent le contraire, cela prouve que cette règle n'est pas sans
exception, mais il faut que ces exceptions soient fort rares, car person-
nellement je n'en ai pas vu une seule.

On peut discuter le point de savoir si la prohibition des balles dum
dum rentre dans la Convention de 1808 et l'affirmative a pour elle de
bonnes raisons, mais ce qui est indiscutable, c'est que ce procédé est
contraire à l'humanité comme aux traditions d'une guerre honorable.

La question de l'emploi des gaz asphyxiants est beaucoup plus importante et cause une sorte de révolution dans l'art de la guerre. Des gaz
asphyxiants ou délétères sont répandus jusqu'ici sur les champs de
bataille par deux procédés, des obus qui les dispersent en éclatant ou
des vagues de vapeurs lourdes que le vent déplace. C'est la première
fois que l'on voit une armée de civilisés utiliser cette ressource, il est
presque inutile d'ajouter que le commandement austro-allemand a tout
le mérite de cette invention. L'emploi des gaz asphyxiants avait été
avant la présente guerre suggéré à l'Angleterre qui n'hésita pas à repousser comme indignes d'elle les ouvertures qui lui étaient faites à ce
sujet.

Nous n'avons à disserter ici ni sur la nocivité de ce moyen de guerre ni sur la façon de s'en préserver. Le point de vue juridique est seul le nôtre. On se rappelle qu'une déclaration de 1899 a déclaré illicite l'usage des projectiles ayant pour but exclusif de répandre des gaz asphyxiants ou délétères. Cette déclaration est actuellement en vigueur, car tous les belligérants prenant part à la guerre actuelle l'ont signée et ratifiée ; mais son effet ne saurait être grand. Elle a été mal rédigée. Il n'existe pas de projectiles répondant à sa définition. Les projectiles ont des éclats qui tuent ou blessent tout autour d'eux, de telle sorte que leur seul effet n'est pas de répandre des gaz. De plus, la déclaration ne dit rien des nappes de gaz, il est vrai qu'elles n'étaient pas prévues au moment où cet acte a été rédigé.

Laissons donc la déclaration pour aborder la question sous son aspect le plus général. Faisons un pas de plus et rappelons que l'on a vu des corps allemands se faire une arme de jets de pétrole enflammé pour brûler nos soldats et par ce procédé infliger des blessures horribles.

Que dire de pareils moyens ? Avant cette guerre on ne pensait pas que l'on s'en servît jamais et personne n'a songé à les proscrire. Est-ce à dire qu'ils puissent être admis ? Nous ne le pensons pas. Il y a une grande distance entre cet usage et celui qui consiste à jeter des bombes du haut des ballons ou des avions. Des bombes sont toujours des bombes et si on se conformait aux lois d'un bombardement honnête (nous les rappellerons plus loin), il n'y aurait rien à objecter à ce nouvel usage. Au contraire, l'emploi du feu et du poison est sans précédent à la guerre. Empoisonner son ennemi a toujours été réputé une lâcheté indigne d'hommes d'honneur. Quant au feu, on a souvent brûlé des maisons, voire même des villes, et forcément des individus combattants ou même non-combattants ont péri dans les flammes, mais on n'avait jamais osé incendier ses ennemis eux-mêmes. Il était réservé à la guerre présente de réaliser cette horreur.

Quelque liberté que l'on doive laisser au belligérant dans le choix des moyens de nuire, cet excès doit être condamné. Les maux qu'il cause sont très graves et ils sont sans remède. Alors que les blessures d'armes à feu, lorsqu'elles n'entraînent pas la mort dans un délai très court, se guérissent dans les cas les plus nombreux de beaucoup, le poison ne s'élimine pas et l'on en meurt longtemps après ; le feu produit des mutilations terribles.

Ce sont aussi des moyens de nuire d'un effet beaucoup trop général.

La diffusion des gaz asphyxiants ou délétères renferme un danger fort grave. Nul doute que les procédés employés se perfectionnent et on doit prévoir qu'un moment arrivera où l'on pourra faire disparaître dans un nuage de gaz tout un corps d'armée, toute une armée, avec la population du pays occupé par ces troupes. Lorsque les auteurs enseignaient que l'étendue des effets d'un nouveau moyen de guerre ne suffisent pas à le faire condamner (car c'était une proposition reçue en doctrine), ils pensaient bien que jamais cette étendue ne serait démesurée, ils comptaient que leur affirmation demeurerait à l'état de pure théorie. Il n'en a pas été ainsi et nous voici en face du problème. Peut-on approuver un moyen qui va conduire à des guerres d'extermination ?

En vérité cette manière de faire la guerre est de la pure barbarie et il faut la proscrire. Mais comment y parviendra-t-on ? Qu'on ne nous parle pas de nouvelles conventions, les conventions ont montré leur entière inefficacité. Alors même que toutes les Puissances du globe signeraient et ratifieraient un accord promettant de s'abstenir désormais de pareils moyens, il se trouverait toujours dans une guerre un Allemand ou un élève de l'Allemagne pour l'employer, et, une fois de plus, l'échafaudage laborieusement établi s'écroulerait subitement. Des représailles rigoureuses seraient plus utiles, plus utile encore un traitement exemplaire infligé après la guerre à l'État dont les troupes auraient les premières usé de ce procédé. Peut-être plusieurs grandes Puissances s'entendraient-elles avec fruit pour introduire dans leurs règlements militaires respectifs un article où il serait inscrit que l'on ne fera pas quartier à des ennemis qui se seront servis soit de gaz asphyxiants ou délétères, soit de liquides enflammés. Ce ne serait pas un traité et on éviterait ainsi l'extrême fragilité des clauses conventionnelles ; en même temps cela marquerait la volonté nette d'en finir avec ces horreurs.

Venons aux projectiles qu'on lance du haut des ballons. Nous savons déjà que les rédacteurs des déclarations de 1899 et de 1907 ont agi avec légèreté en interdisant ce moyen de guerre. Ce n'est qu'un bombardement après tout et d'une sorte qui procure de grands avantages militaires. Une armée peut ainsi faire procéder à des bombardements très loin de sa base et il est beaucoup plus facile à un aviateur qu'au commandant d'une batterie de choisir l'endroit exact qu'il veut atteindre. Lorsque l'on aura dressé de bonnes tables de dérivation des projectiles jetés du haut des airs, on arrivera à un tir aussi précis que celui d'une pièce de canon reposant sur le sol. On y arrivera vite, n'en doutons pas.

Mais en cette matière, comme en beaucoup d'autres, il y a l'usage et l'abus, la manière honnête de combattre et celle qui ne l'est pas. Les armées allemandes ont choisi celle-ci, personne ne s'en étonnera. La manière honnête c'est de diriger ses projectiles sur les fortifications, les casernes, les magasins militaires, les ateliers de construction de la guerre, les poudrières, voire même sur des bâtiments non militaires qui possèdent une grande importance stratégique, comme certaines gares de chemins de fer, certains ponts, certaines portions de voies. Nous accorderons qu'une action de ce genre est parfaitement légitime et même si, chose inévitable, quelques projectiles manquent leur but et vont frapper des édifices purement privés, nous dirons que c'est le malheur de la guerre et rien de plus.

En regard, la manière malhonnête d'user de ce moyen de guerre, c'est d'aller bombarder au hasard avec la certitude que les bombes détruiront des maisons particulières et tueront quantité d'habitants inoffensifs. Cela c'est le mal pour le mal, la rage de tuer et de détruire, sans attendre du reste le moindre résultat militaire d'une action qui ne peut se concevoir qu'à titre de représailles. C'est ce que les Allemands ont fait à Anvers, à Londres, à Paris, dans tant et tant d'autres villes. On ne raisonne pas de semblables procédés parce qu'on ne raisonne pas avec des sauvages. Je ferai pourtant une remarque. Lorsque l'on assiège une ville, il arrive parfois qu'on la bombarde tout entière, c'est-à-dire sans distinguer entre les édifices militaires et les autres. Ce moyen a été justement critiqué, car il supprime sans nécessité toute distinction entre le combattant et le non-combattant. Mais enfin il a un but et une raison d'être, s'emparer de la ville. Ici, au contraire, le procédé employé n'a pas d'objet, au point de vue militaire, il est absurde. Pense-t-on qu'une ville comme Londres ou Paris va se rendre à l'équipage d'un Zeppelin parce que quelques douzaines d'habitants ont été les victimes de bombes tombées du ciel. Et quand même elle le voudrait, l'ennemi ne pourrait pas la prendre à peine de demeurer prisonnier de sa propre prise. Encore une fois cela est criminel et absurde.

On espère, dira-t-on, ébranler la résistance de l'ennemi en semant la terreur dans de grands centres de population. C'est la guerre de l'intimidation. Le grand défaut de ce système, c'est son incertitude absolue. Quand on gagne une bataille ou que l'on réussit à détruire un établissement militaire, on a affaibli son ennemi, on lui a fait perdre quelque chose, et par là même on a fait un pas vers la victoire. Ici, lorsque l'intimidation désirée ne se produit pas, on n'a rien fait du tout autre que de tuer une poignée d'innocents dont la mort n'exerce pas même l'influence la plus légère sur l'issue de la campagne. Il est vrai que par le fait on a condamné à mort d'autres innocents parmi ses propres compatriotes, car ces expéditions ne sont point le monopole d'un parti. On y répond par des représailles, par d'autres bombes, par d'autres tueries, tout aussi inutiles et regrettables.

Pendant quelque temps dans le cours du XIXᵉ siècle, on a admis que, dans un bombardement, on ne devait s'attaquer qu'aux ouvrages militaires de l'ennemi. C'est suivant ce principe que le siège de Sébastopol a été conduit. La règle était un peu étroite, mais elle valait sans doute mieux que la licence actuelle.

Peut-on espérer que cette licence sera réfrénée, j'hésite beaucoup à le dire. Il est si rare que l'on revienne en arrière sur ce chemin du développement des moyens de guerre. Il faudrait obtenir au moins que l'on n'opérât jamais un bombardement en dehors d'une action militaire simultanée et cela couperait court aux exploits des Zeppelins. Mais l'obtiendra-t-on ? Pas des Allemands à coup sûr.

Nous n'en avons pas fini avec le bombardement. Dans ce moyen extrême de faire la guerre, on a toujours admis que des ménagements doivent être introduits. On dit couramment que l'on ne doit pas bombarder les villes ouvertes. Le règlement de la Haye, dans son article 25, exprime la même idée en défendant d'attaquer ou de bombarder par quelque moyen que ce soit les villes ou villages qui ne sont pas défendus. C'est là une expression malheureuse, car on ne sait pas si une ville sera défendue jusqu'au moment où l'on se décide à l'attaquer. Mais ce n'est pas la seule obscurité de ce texte. Une ville défendue, est-ce une ville fortifiée ou une ville que l'on ne se résout pas à rendre de bon gré à l'ennemi ? Reims, Soissons, Nancy sont-elles des villes défendues ? Il vaudrait mieux dire que l'on ne peut pas bombarder une ville lorsqu'on ne peut pas la bloquer ou lui donner l'assaut. La pensée en effet n'est pas douteuse. On ne doit pas bombarder une ville quand on ne peut pas espérer à la suite de ce bombardement s'en emparer de vive force.

Il est à peine besoin d'observer que ce vieux précepte a été transgressé sans l'ombre d'un scrupule. Une autre loi a été violée aussi, celle qui commande d'épargner les monuments qui comptent dans le trésor de la civilisation. L'article 27 du règlement de la Haye l'exprime en termes trop généraux quand il dit qu'il faut épargner les édifices consacrés aux cultes, aux arts, aux sciences, à la bienfaisance, ainsi que les monuments historiques, sans parler des hôpitaux, protégés eux, pour des motifs différents. En principe, on ne devrait bombarder que les établissements militaires, mais si l'on bombarde une ville on ne peut évidemment pas épargner tant de choses. Il serait plus pratique de réserver cette immunité aux seuls bâtiments présentant un intérêt historique ou artistique considérable. Mais ceux-là, au moins, ne devraient jamais être visés. Ils font partie du patrimoine de l'humanité et l'humanité doit survivre à la guerre. Il faut qu'elle conserve ses trésors, car ils doivent servir à l'éducation des générations futures. Faire la guerre aux monuments, c'est faire une guerre inintelligente et barbare. Il n'y a qu'une voix là-dessus. La ruine de la cathédrale de Reims, des édifices d'Ypres, d'Arras, de bien d'autres villes, conserveront le nom allemand bien plus sûrement que les exploits des armées impériales.

Les monuments historiques doivent être épargnés dans tous les cas et non pas seulement lorsqu'ils ne sont pas affectés à un but militaire comme le veut le même article 27 du règlement de la Haye. Ce n'est pas qu'il n'y ait de la raison dans cette restriction, mais on n'a pas aperçu, en la posant, l'abus que l'on en pourrait faire. Rien de plus facile que de prétendre que l'on avait guindé une mitrailleuse sur le faîte d'une cathédrale, ou encore que l'on se servait de la plate-forme d'une tour comme d'un observatoire ou d'un poste de télégraphie sans fil. Instituera-t-on une enquête? Ouvrira-t-on une discussion? Qui ne voit l'impossibilité d'une procédure quelconque entre ennemis, en pleine bataille? Le monument sera détruit et indéfiniment les apologistes du conquérant défendront son acte par le moyen de la même calomnie. Il faut renoncer à toute réserve si l'on veut poser une règle de quelque sûreté.

On ne se sert pas à la guerre de la force seulement, mais aussi de la ruse. La ruse est permise, mais la déloyauté est interdite et cela veut dire que l'on peut abuser son ennemi par tous les stratagèmes possibles, pourvu que l'on ne manque pas à sa parole. Pour saisir la véritable signification de ce principe que nul n'a jamais contredit, il faut rappeler qu'à la guerre les conventions expresses sont rares, bien qu'il s'en produise toujours quelques-unes entre les généraux des armées adverses, mais qu'il y a certains usages connus de tous, et d'un sens parfaitement déterminé, usages qu'on ne peut pas faire servir à d'autres fins sans manquer à la loyauté, le geste de lever les bras pour se rendre à discrétion, l'emploi du pavillon parlementaire, la Croix-Rouge de Genève, etc. Cela est essentiel; il faut qu'au milieu même des armes, il subsiste des moyens de s'entendre entre les belligérants. Par suite de ces conventions tacites, quelques prohibitions se sont formées. L'article 23 du règlement de la Haye en mentionne plusieurs et même ce texte exagère un peu lorsqu'il dit que l'on ne doit emprunter ni les uniformes, ni les insignes de l'ennemi. Cette loi de respect ne me paraît pas devoir porter aussi loin. Il n'est pas raisonnable de l'étendre au delà de ce qui est fixe et bien connu de l'ennemi. On ne doit pas lui emprunter son drapeau, mais pourquoi défendre de lui emprunter ses uniformes, alors que la couleur et la forme n'en sont pas immuables et que lui-même est libre d'en adopter de nouveaux. Nous reconnaissons cependant que la question a ses difficultés. Il nous paraît certain que l'on peut imiter les sonneries de clairons et batteries de tambour de l'adversaire, ou encore les coups de sifflet dont on se sert quelquefois pour communiquer avec les troupes ; de même que si l'on surprend le chiffre dont se sert le gouvernement ennemi dans sa correspondance, il sera licite d'utiliser ce chiffre pour le tromper.

Tout cela n'est pas très beau et pas très chevaleresque. Il serait plus noble sans aucun doute de combattre toujours à figure ouverte. Ce serait meilleur, mais il faut aussi laisser aux généraux une grande latitude et on n'a jamais pensé que l'emploi de la ruse fût un mauvais moyen de vaincre son ennemi.

La guerre présente a marqué sur ce point encore une régression fâcheuse et l'on cite des cas nombreux dans lesquels les Austro-Allemands ont abusé de signes ayant une valeur bien déterminée pour nous induire en erreur. L'exemple le plus connu est celui d'une troupe qui feint de se rendre pour massacrer plus sûrement le parti opposé. Je sais de source certaine que les Allemands ont usé si souvent de ce stratagème déloyal que fréquemment on n'a point tenu compte de la manifestation d'intentions qui étaient peut-être sincères.

De là une défiance qui a eu des suites bien nuisibles. Dans une guerre se poursuivant entre adversaires loyaux, il se conclut fréquemment de petits armistices qui sont à l'avantage commun des deux armées. Ils servent d'ordinaire à relever les blessés, à donner la sépulture aux morts. Ou bien on neutralisera une source où les deux partis viennent puiser leur eau. Des accords de ce genre se font aussi entre simples soldats et il arrive que des sentinelles voisines l'une de l'autre trafiquent ensemble de leurs provisions ou de leur tabac et se laissent parfaitement tranquilles. Mais cela est peu régulier.

Ces armistices ne se concluent plus. Les blessés meurent où ils sont

tombés et les morts demeurent de longs mois sans être ensevelis. La
confiance détruite, la guerre prend un caractère plus atroce et le désir
de vengèance est plus grand.

Le chapitre des ruses de guerre nous conduit à dire un mot de l'espionnage. L'espionnage est le grand ressort des guerres modernes. Il se
pratique aux risques et périls de celui qui accepte le rôle d'espion, il
est du reste absolument licite et le belligérant qui se plaint d'être infesté
d'espions n'a qu'à s'en prendre à lui-même de ne s'être pas mieux
défendu. L'espionnage était autrefois considéré comme ayant un caractère infamant. Un espion condamné était pendu, on ne lui faisait pas
l'honneur de le fusiller. Ces particularités ont disparu, mais l'usage
moderne n'a rien abdiqué de sa sévérité à l'encontre de l'espion. Seulement il exige qu'il lui soit fait un procès et qu'il ne soit pas condamné
sans avoir eu la faculté de se défendre. Je ne sais pas si cette loi est
bien suivie dans la guerre actuelle, je ne le crois pas.

L'espionnage est le proche voisin d'une invention allemande qui ne
date pas d'aujourd'hui, mais paraît jouer dans la guerre actuelle un
rôle considérable. Voici en quoi elle consiste. On sait que lorsqu'une
armée occupe une partie du territoire ennemi, elle en soumet les habitants à une discipline rigoureuse. Il est nécessaire qu'il en soit ainsi.
L'occupant ne peut pas dans de telles circonstances s'appuyer pour le
maintien de l'ordre sur la collaboration tacite des habitants du pays.
Il doit donc renforcer les mesures de rigueur et exercer une police sévère. Mais il y a une limite à tout et cette limite les Allemands l'ont
dépassée sans scrupule, en Belgique surtout. Il nous arrive souvent, par
le canal de la presse hollandaise généralement, le récit d'exécutions de
citoyens belges pour espionnage ou pour avoir favorisé la fuite de leurs
compatriotes. Le cas le plus célèbre est celui de miss Cavell. Nous ne
savons rien des jugements rendus ni des débats qui les ont précédés,
mais il est infiniment probable qu'il ne s'agit pas de faits d'espionnage
proprement dits et que la justice militaire allemande condamne par
application de sa théorie fameuse de la trahison de guerre (*Kriegsverrätherei*).

L'espionnage très sévèrement puni est aussi très strictement délimité.
Pour être un espion il faut s'être servi soit d'un déguisement, soit de
faux prétextes pour recueillir sur le compte d'une armée des renseignements que l'on transmettra au parti adverse. Le règlement de la Haye
est tout à fait correct sur ce point. Celui qui transmet des renseigne-

ments qu'il a pu obtenir sans aucune manœuvre déceptive n'est pas un espion, pas davantage celui qui favorise le départ de ses compatriotes ou leur correspondance avec le pays non occupé.

Ce ne sont peut-être pas des espions, répond la science allemande, mais ce sont des traîtres de guerre, et voici son raisonnement. Un individu qui commettrait de pareils actes au préjudice de sa patrie serait sans doute un traître. Il n'en est pas autrement de l'habitant du pays occupé qui les commet au préjudice de l'occupant. Le sophisme est énorme. Si en temps de guerre une action entreprise par quelqu'un contre l'armée de son pays est une trahison, c'est parce que chacun est tenu envers sa patrie d'un devoir de fidélité exacte auquel il ne peut pas manquer sans crime et sans déshonneur. L'habitant du pays occupé est-il tenu d'un semblable devoir envers l'occupant ? en aucune façon. C'est la nécessité de la guerre qui le soumet au pouvoir de l'occupant et ce pouvoir est légitime parce que l'ordre et la vie sociale doivent être garantis dans le pays occupé, mais encore l'habitant de ce pays n'est-il tenu d'aucune fidélité envers l'occupant et ne peut-il en aucun cas commettre de trahison à l'égard de ce dernier. Fidélité envers l'ennemi, ces mots jurent d'être accolés l'un à l'autre, trahison d'un ennemi, c'est une absurdité.

Ces sophismes n'ont pas moins coûté la vie à bien des innocents et là éclate le défaut d'honneur de la science allemande. La science allemande du droit de la guerre ne se soucie pas de construire son édifice sur des bases de raison et d'humanité, elle cherche simplement des excuses pompeuses aux excès de la brutalité allemande. La notion de Kriegsverrätherei est une de ces excuses. Il ne serait pas venu facilement à l'esprit d'assimiler la situation d'un habitant du pays occupé à celle d'un sujet vis-à-vis de son souverain. Cette idée ne pouvait même pas surgir alors qu'on nous ressasse depuis si longtemps que l'occupation n'est pas la conquête, qu'elle n'est qu'un état transitoire qui n'efface pas le droit du légitime souverain. La science allemande ne s'est pas embarrassée de si peu, elle a pensé que toute théorie était bonne qui pouvait contribuer à pallier les excès des armées allemandes.

Nous n'avons traité jusqu'ici que des armes employées dans la guerre terrestre, il faut nous occuper aussi des moyens de nuire utilisés dans la guerre maritime. La guerre maritime a ceci de particulier qu'elle se poursuit non seulement contre la force armée ennemie, mais encore contre la propriété privée des particuliers ennemis. Ce n'est pas ici le lieu de montrer dans quelle mesure la propriété privée peut être atteinte et confisquée. Bornons-nous à parler des actes d'hostilité proprement dits, de l'emploi de la force et de la ruse dans la guerre sur mer.

Les procédés de guerre ne changent pas. On se bat avec des canons, des fusils, des mitrailleuses, parfois même, mais très rarement, à l'arme blanche. La guerre maritime fait, depuis longtemps, usage de la torpille dont la guerre terrestre a seulement commencé à se servir dans le conflit actuel. Tous ces moyens d'action sont connus de longtemps et leur légitimité ne laisse place à aucun doute. Les flottes de guerre ne se bornent pas à échanger entre elles des coups de canon, elles bombardent aussi les villes maritimes. Cette action toutefois a été restreinte par la convention IX de la Haye (1907), laquelle n'est pas actuellement en vigueur mais peut être consultée à titre de curiosité. Elle contient la prohibition de bombarder des ports non défendus et ajoute que la pose des mines automatiques de contact devant un port de commerce n'en autorise pas le bombardement. Toutefois, elle permet de tirer sur les ouvrages et établissements militaires, les dépôts d'armes, les ateliers, les vaisseaux de guerre stationnés dans le port. Elle autorise également les réquisitions de vivres ou d'approvisionnements et permet de recourir au bombardement de la ville, s'il n'y est pas satisfait.

Ces dispositions se comprennent assez mal, d'autant plus mal que le Règlement annexé à la convention IV ne contient pas des règles analogues. Sur terre, on peut s'emparer d'une ville non fortifiée sans avoir recours au bombardement, sur mer on ne voit pas comment une escadre s'emparerait d'un port de commerce qu'il lui est interdit de bombarder et qu'elle ne peut même pas approcher à peine de perdre ses vaisseaux sur les mines qui défendent l'accès du port. Et cependant la prise d'un port de commerce peut constituer un grand avantage et influer puissamment sur les destinées de la guerre. Ne vaudrait-il pas mieux permettre le bombardement au cas où le port ne se rend pas aux sommations qui lui sont faites, sauf à réduire l'action des bombes à la destruction des ouvrages et magasins de l'ennemi ? Pour vouloir trop, on risque de n'obtenir rien, l'événement l'a bien montré, et on ne doit pas perdre de vue, lorsqu'on spécule sur ce sujet, que le premier droit du belligérant est le droit de se battre et d'employer à vaincre son adversaire tous les moyens qui ne révoltent pas l'humanité.

De semblables observations pourraient être adressées à une autre convention signée à la Haye à la même date et qui, pas plus que la précédente, n'a d'application à la guerre actuelle, la convention VIII relative à la pose des mines automatiques de contact. Cette convention VIII, si elle était suivie, réduirait singulièrement les maux causés par les mines sous-marines, mais elle n'a aucune chance d'être jamais observée et on ne voit pas comment on pourrait la faire respecter.

Cette question des mines est très grave, surtout parce qu'elle heurte de front une loi dont on aimerait à sauvegarder l'autorité dans la guerre maritime. Il peut sembler indifférent qu'un navire sombre pour avoir été touché par une torpille ou pour avoir heurté une mine. Cela n'est pas indifférent cependant. La torpille vise un but et en ce sens elle a des yeux qui la dirigent, la mine n'en a pas, elle coule tout navire qui vient à la frôler et pour cette raison déjà c'est une arme très dangereuse. L'usage s'est fait jour de bloquer un port au moyen de mines. C'est à coup sûr moins coûteux que d'entretenir une escadre à proximité de cette place. Mais qu'en résultera-t-il ? que le navire de commerce qui tentera de se glisser dans ce port ou d'en sortir sera exposé à couler à fond. C'est autre chose que l'ancien blocus qui exposait simplement le forceur de blocus à être saisi et adjugé devant le tribunal des prises. Non seulement les pertes seront plus grandes et atteindront les navires qui, d'après un usage immémorial, étaient admis à se réfugier dans un port bloqué, ceux par exemple qui désemparés sont contraints d'aborder au plus prochain port de refuge, mais les mines ont en outre le grave défaut de condamner l'équipage à périr dans les flots, ce qui rend cette sorte de blocus infiniment plus rigoureuse que celui que le droit des gens avait pratiqué jusqu'ici.

Ce défaut a déjà été relevé par nous, mais il en est un autre presque aussi grave et qui doit fixer l'attention. Le droit des gens a perpétuellement tendu à condamner les engins de guerre dont on ne peut pas arrêter les effets nuisibles quand s'arrête la guerre elle-même. On a contesté pour ce motif la légitimité du blocus par pierres qui a le défaut de fermer un port définitivement. Combien l'usage des mines n'est-il pas plus dangereux ? Après la guerre, on essaiera de relever les mines ou de les faire sauter et on réussira pour un certain nombre de mines. Mais saura-t-on seulement où les mines ont été immergées ? L'espace est si grand et il est si facile de semer des mines. Comment rattraper les mines flottantes ? La convention VIII de la Haye a édicté à cet égard certaines garanties plus illusoires que réelles. Elle ne permet que les mines fixes qui deviennent inoffensives au cas où elles rompent leurs amarres ou des mines flottantes d'une efficacité limitée à une heure au plus. Mais qui peut promettre que ces conditions seront jamais strictement remplies, et même, si elles peuvent l'être, sera-t-on jamais sûr que ces minutieuses précautions ont été observées ?

L'exemple de la guerre russo-japonaise montre que les mines peuvent causer bien des malheurs imprévus pendant et après les hostilités. Comment prévenir ces malheurs ?

L'usage des mines sous-marines fait naître l'une des questions les plus angoissantes que la guerre moderne ait vues surgir. On ne peut pas espérer que les belligérants se priveront de ce moyen de guerre, on n'aperçoit pas du tout comment ils pourront en limiter l'effet aux seules hostilités. Terminons ce chapitre par une interrogation. On sait que d'après l'usage constant des nations, le navire n'est pas tenu d'arborer en cours de route son véritable pavillon, le pavillon qui correspond à sa nationalité. Cette faculté appartient aux bateaux de commerce comme aux navires de guerre, sauf, pour ces derniers, l'exception que l'on doit montrer ses couleurs avant de tirer le canon. La rapidité des opérations actuelles, de celles des sous-marins spécialement, peut faire désirer qu'une pratique contraire se produise, et que tout navire navigue toujours sous ses couleurs. Il y aurait là un nouveau principe d'ordre propre à diminuer le nombre des erreurs et celui des accidents. La question de l'opportunité de cette réforme mérite d'être posée. Je laisse à de plus experts que moi le soin de la résoudre. J'indiquerai pourtant que la règle nouvelle, s'il y a lieu de l'établir, s'appliquerait également au sous-marin naviguant à la surface et que comme il a été dit plus haut, le fait de lancer une torpille sans avertissement donnerait à l'adversaire le droit de tirer sur les sous-marins sans montrer ses couleurs.

VI

La guerre à la propriété. La guerre maritime.

La guerre se fait aux hommes et non pas à la propriété. Cette loi est
un des fondements du droit de la guerre terrestre. Qu'un conquérant
s'empare de la propriété publique ennemie, qu'il la garde et la fasse
sienne lorsqu'il s'agit d'argent, de denrées, de munitions, d'armes, et
en général de propriétés mobilières, cela se comprend ; qu'il jouisse,
comme ferait un usufruitier, des propriétés immobilières de l'État ennemi, cela est encore admis, mais devant la propriété privée il doit s'arrêter, la guerre n'étant pas un moyen de s'enrichir au détriment d'autrui.

On exprime souvent cette idée en disant que la propriété privée est
inviolable et alors on commet une exagération énorme, propre à dépouiller le droit de toute autorité. Il n'est pas vrai, même dans les guerres
terrestres, que les biens des particuliers doivent demeurer à l'abri de
l'effet des hostilités. La vérité beaucoup plus modeste est que l'on ne
doit pas dépouiller un particulier de sa propriété lorsqu'aucune nécessité militaire n'oblige à le faire. Et la distance est très grande entre les
deux formules. Très souvent les nécessités de la guerre conduisent à
violer la propriété privée. Le pillage est interdit avec raison, car on n'a-
perçoit pas de circonstance dans laquelle l'autorisation de piller une
ville ou un village soit indipensable à la conduite des hostilités. Autrefois, on promettait le pillage avant l'assaut pour encourager le soldat et
ce moyen en effet convenait à des troupes mercenaires pour lesquelles
le service des armes était moins l'accomplissement d'un devoir qu'un
métier plus chanceux que les autres. Le pillage est défendu depuis longtemps sous les peines les plus sévères par les règlements militaires ; on
le voit dans la guerre actuelle pratiqué par les Allemands, et, à ce qu'il
semble, en vertu de vues systématiques, car les chefs y prennent part,
tous jusqu'aux personnages de rang princier y chercheront leur profit à
l'occasion et certaines règles sont observées. Dans beaucoup d'endroits
ont été livrées au pillage seulement les maisons abandonnées par leurs

propriétaires. On ne voit pas du reste en quoi cette circonstance pourrait faire excuser cette façon de procéder. Si le pillage est interdit, la destruction est souvent chose licite, non seulement celle qui résulte forcément d'un bombardement, mais aussi la destruction entreprise suivant un plan préconçu et pour arriver à un certain résultat d'ordre stratégique. On peut brûler une forêt pour qu'elle ne serve pas d'abri à l'ennemi, détruire des maisons qui gênent le tir ou embarrassent les mouvements de l'armée ; il est également permis d'anéantir des approvisionnements même appartenant à des particuliers pour qu'ils ne tombent pas aux mains de l'ennemi. Lorsque ces œuvres de destruction sont accomplies par une armée sur son propre territoire, il sera juste d'indemniser les individus qui en auront souffert, dans la mesure des moyens de le faire que possède l'État, car tout cela est accompli pour le salut de la collectivité ; sur le territoire ennemi, au contraire, aucune indemnité ne sera due, car ce sont des faits de guerre réguliers et qui n'excèdent pas le droit du belligérant.

Tout le monde sait que les Allemands ont en maint endroit brûlé des quartiers entiers sans aucune nécessité, par plaisir de mal faire, ou dans l'intention d'intimider la population. Ce sont des actes de sauvages, ils ne se discutent pas.

La propriété privée souffre davantage encore des réquisitions dont elle est l'objet. Il est inévitable qu'en temps de guerre une armée s'empare, dans les lieux qu'elle occupe, des denrées et provisions dont elle a besoin. Les immenses armées modernes ne peuvent pas traîner à leur suite tous les approvisionnements qui leur sont nécessaires. Dans les convois, la première place est naturellement donnée aux munitions, car des munitions appropriées ne se trouvent pas chez l'ennemi. Les vivres n'arrivent pas toujours assez tôt, ni en quantités suffisantes, il faut se ravitailler aux dépens de l'ennemi.

On a tout fait pour régulariser cette pratique des réquisitions. Nous avons notre loi du 3 juillet 1877 sur ce point, les autres nations ont également les leurs. D'après notre législation, les personnes pouvant exercer le droit de réquisition sont strictement déterminées, il faut que chacune d'elles ait un carnet à souche, d'où elle extraira des bons qui sont remis au maire chargé de faire livrer, par ses administrés, les denrées requises. Tout cela est formaliste à l'excès et bon surtout pour le temps de paix ; en temps de guerre, on sera souvent forcé de suivre une procédure plus sommaire. Le respect de la propriété privée exigerait au moins que l'on donnât un reçu indiquant les quantités prises, le nom et le grade de l'officier requérant. Ce reçu ne signifie pas que celui qui l'a délivré s'oblige à payer la valeur des marchandises emportées, il ne peut pas davantage servir de titre contre l'État dont la personne ainsi privée de son avoir est la sujette, il prouve seulement que la réquisition a été faite et cela est déjà important, car au jour où il sera question d'indemniser les réquisitionnaires, le porteur du reçu pourra faire valoir ses droits.

Nous ne savons pas encore comment le droit de réquisition a été exercé par les armées allemandes en France, mais des renseignements communiqués jusqu'ici, il résulte que très souvent le reçu donné était illisible ou même qu'il était délivré au nom de l'État français, ce qui est au moins étrange. Par un autre côté, les réquisitions faites ont dépassé la mesure et violé la coutume reçue. La Belgique et la France du Nord ont été razziées non seulement pour les besoins des armées d'occupation, mais, à ce qu'il semble, pour nourrir l'Allemagne elle-même. C'est un excès de plus. Une occupation en territoire ennemi n'emporte pas avec elle que des droits. Elle entraine aussi des devoirs.

L'occupant n'est pas le souverain du pays où il est établi, mais il en est l'administrateur, et à ce titre, il doit veiller à ce que les besoins des habitants soient satisfaits. Il est élémentaire de leur laisser au moins le nécessaire sur les ressources produites par le sol qu'ils habitent. C'est une limite naturelle au droit de réquisition. Nous entendons dire que c'est grâce à des ressources venues du dehors que les Belges ne meurent pas de faim. Il y a là un abus des pouvoirs que donne la guerre et on est malvenu après cela à se plaindre de ce que les forces maritimes de l'adversaire arrêtent les vivres destinés à leur ennemi. Les neutres sont sollicités en vain de faire cesser cette forme de blocus. Les neutres ne sont nullement obligés de faire vivre les pays belligérants, tandis que l'occupant, lui, est obligé de faire vivre les pays occupés.

En émettant ces principes, nous réduisons au minimum les droits de la région occupée. La doctrine se montre en général plus exigeante et voudrait que, sauf les interruptions occasionnées par les mouvements des armées, la vie sociale se poursuivît en territoire occupé telle qu'elle était antérieurement à la guerre. C'est là un idéal auquel la réalité ne correspondra jamais. L'occupation sera toujours pour les régions qu'elle couvre la cause d'une grave désorganisation, d'un désordre fréquent, de l'arrêt de bien des fonctions de la vie sociale habituelle. Cela est inévitable : on ne peut que le déplorer et chercher à réparer quand on le peut les dommages causés.

Que reste-t-il du respect de la propriété privée au milieu de toutes ces pratiques ? Pas grand'chose assurément. Mais ce n'est point assez dire. En réalité il n'en reste à peu près rien du tout, à cause d'un dernier usage qu'il reste à mentionner, celui des contributions en argent. Les contributions sont parfois employées pour remplacer les réquisitions en nature dont on s'abstient. L'argent que l'on a recueilli sert à payer les marchandises dont on a besoin, et c'est mieux ainsi, car la perte inévitable ne frappe plus le seul détenteur des objets désirés, elle se répartit sur l'ensemble de la population, chacun étant taxé d'après ses ressources. Il arrive aussi quelquefois qu'une contribution remplace un certain impôt qu'il est impossible de percevoir, cela encore est raisonnable.

Mais venons à l'abus. Il se présente au sujet des contributions levées à titre de peine. Là l'arbitraire de l'occupant peut se donner libre carrière. Parce qu'un ordre n'a pas été exécuté sans délai ou que quelque accident est arrivé que l'on n'avait pas prévu, ou encore parce que quelques habitants ont su se soustraire à l'empire du vainqueur, on frappe un pays, une province, une ville de contributions dont rien ne modère le chiffre. A des malversations de cette espèce, pas d'autre limite que l'impossibilité matérielle de fournir l'argent demandé. Encore souvent cette excuse n'est-elle pas admise et des destructions ou des incendies viennent-ils punir cette prétendue mauvaise volonté. Ainsi entendues et pratiquées — et elles ne le sont pas autrement au cours de cette guerre — les contributions apparaissent comme un moyen plus raffiné et plus savant de ruiner un pays. C'est un pillage méthodique et indirect sans désordre, sans destructions inutiles, plus sûr encore que tout autre. La propriété privée demeure en apparence intacte, mais peu à peu toute sa valeur passe aux mains de l'ennemi.

La guerre maritime ne connaît pas une semblable hypocrisie. De tout temps l'ennemi a fait sur mer la guerre à la propriété de son ennemi, soit par le blocus qui intercepte complètement le commerce d'un port, soit par le droit de visite et de saisie des vaisseaux en pleine mer. Dès lors la grande préoccupation des juristes a été de séparer la propriété ennemie qui peut être saisie de la propriété neutre qu'il faut respecter et de bien définir le commerce de contrebande qui demeure interdit à toute personne.

Cependant depuis longtemps déjà une école existe qui rêve de l'établissement du principe de l'inviolabilité de la propriété privée dans les guerres maritimes. Suivant ses vœux, les guerres maritimes devraient se passer en combats entre les flottes ennemies, les bateaux de commerce continuant librement leur trafic comme ils le feraient en temps de paix. On a tenté de faire triompher ce principe à la seconde Conférence de la Haye, on n'y a pas réussi. Cet insuccès n'est pas regrettable, car même si le principe de l'inviolabilité avait été adopté par la Conférence, la pratique ne l'aurait pas suivi. On peut supposer que l'expérience de la guerre actuelle portera un coup sensible aux illusions de cette école. Si les flottes alliées ne pouvaient pas saisir la propriété allemande et intercepter la contrebande destinée à l'Allemagne, elles perdraient leur principale utilité et les États qui les entretiennent une de leurs plus grandes et plus légitimes espérances de succès. Alors qu'il est légitime de décimer la population de l'ennemi, pourquoi défendrait-on de le vaincre en ruinant son commerce ?

Au point de vue de la guerre maritime, les belligérants dans la guerre actuelle vivent tous sous l'empire de la célèbre déclaration de Paris du 16 avril 1856 qui garantit de toute confiscation la marchandise ennemie sous pavillon neutre comme la marchandise neutre sous pavillon ennemi (la contrebande exceptée) — de sorte que l'on ne peut plus saisir et confisquer que la marchandise ennemie sous pavillon ennemi — qui supprime la course et qui proclame une fois de plus le principe de l'efficacité du blocus.

De plus la France et l'Angleterre, à la demande de la France, ont dénoncé leur intention d'appliquer cette déclaration de Londres du 18 février 1909 que les deux pays avaient signée, mais n'avaient pas ratifiée.

Les textes ici encore se sont montrés insuffisants et il a fallu adopter des règles plus souples et susceptibles d'un effet plus général. Pourquoi ? parce que ces textes avaient été écrits en prévision de guerres plus limitées et plus localisées que celle-ci et qu'à une guerre nouvelle il a fallu adapter des moyens nouveaux. C'est pourquoi on a dû remanier complètement les listes des marchandises de contrebande dressées en 1909, listes qui se trouvent ainsi rejetées avant d'avoir jamais servi (1), chan-

(1) A Londres on avait commis l'imprudence d'insérer dans la déclaration du 18 février trois listes correspondant respectivement à la contrebande absolue, à la contrebande conditionnelle qui ne peut être saisie que lorsqu'elle est à destination des armées et des flottes de l'ennemi, et aux objets qui ne peuvent en aucun cas être déclarés de contrebande. Depuis que la France a déclaré l'intention de suivre la déclaration de

ger les conditions de destination de la marchandise (théorie de la continuité du voyage), que le jour où une proclamation de blocus devra être faite on s'y décidera sans attacher d'importance à ce fait que l'Allemagne garde la liberté de ses relations avec les pays scandinaves. Tout cela représente un droit beaucoup plus rigoureux que celui qu'on pratiquait autrefois et dont il semble que l'on tendra toujours à aggraver les rigueurs.

Mesures exceptionnelles, dira-t-on, justifiées par des circonstances spéciales, qui, ces circonstances modifiées, cesseront d'être prises et permettront un retour au droit ancien. Certainement non, que l'on ne se leurre pas de cette illusion. Ce qui est vrai c'est que les guerres d'aujourd'hui, beaucoup plus étendues et actives que celles d'autrefois, exigent des mesures nouvelles et que le droit doit se transformer à peine de rester une lettre morte.

Ce qui étonne c'est que ce droit nouveau, loin de donner des facilités plus grandes au commerce maritime en temps de guerre comme le voudrait cette école que je mentionnais plus haut, tend au contraire à l'entraver davantage, imposant de nouvelles exigences, formulant de nouvelles prohibitions, forgeant des armes neuves contre les fraudes sans nombre par lesquelles le commerce, avide de profiter des débouchés que lui ouvre une guerre, tente d'éluder le contrôle des belligérants.

Cela pourtant est absolument rationnel. Constamment les guerres deviennent plus étendues. On met en ligne dix fois plus d'hommes, on dépense cent fois plus d'argent, on échange mille fois plus de projectiles. Pour suffire à cette énorme consommation, un commerce incessant doit être entretenu avec les pays étrangers. Il est de l'intérêt du belligérant d'empêcher ce commerce afin de tarir les ressources de son adversaire et de paralyser progressivement son action. C'est un moyen de guerre très efficace, très légitime, contre lequel on tenterait vainement de s'élever. Du reste, sous quel prétexte condamner un moyen de guerre qui n'a

Londres et a entraîné l'Angleterre à ce parti, les listes primitives ont été modifiées près d'une dizaine de fois, toujours dans le sens d'une rigueur plus grande. Quantité d'articles comme le coton, le chanvre, le lin, les huiles, les caoutchoucs, les nitrates, ont passé de la liste libre à la contrebande absolue et cela montre bien la vanité des prévisions établies à Londres. De plus, les traits distinctifs de la contrebande absolue et conditionnelle ont été presque entièrement effacés (V. not. décret du 6 nov. 1914). Il ne reste plus rien de la déclaration de Londres en cette matière. La presse annonce aujourd'hui, 20 juin 1916, que les gouvernements anglais et français renoncent à appliquer la Déclaration de Londres. Il aurait mieux valu ne pas promettre de s'y conformer alors que personne n'était obligé à une semblable promesse.

rien de cruel, rien de honteux, rien de désastreux à aucun point de vue.

Les Allemands cependant ont soutenu le contraire.

Partant de cette idée qu'un pays dont la production ne nourrit pas complètement sa population est exposé à mourir de faim si on l'empêche de faire venir ses vivres de l'étranger, ils prétendent que les flottes qui enserrent étroitement leurs côtes ne doivent pas arrêter les bateaux chargés de vivres à destination de l'Allemagne. Cette prétention est nouvelle et a peu de chances de succès. On a toujours considéré comme un moyen de guerre licite d'affamer son ennemi pour obtenir par là sa soumission. On ne procède pas autrement quand on bloque une place et ce procédé n'a jamais soulevé de critiques. Il n'existe aucune raison de le blâmer lorsqu'au lieu du blocus d'une place, on tente de bloquer un pays tout entier. Le moyen de guerre n'est pas différent et s'il n'a pas été employé antérieurement, c'est seulement parce que les armées anciennes n'auraient pas suffi à d'aussi gigantesques opérations (1).

Un droit nouveau est donc en formation. Comment se caractérise-t-il ?

D'abord et surtout par l'accroissement presque indéfini de la liste des marchandises de contrebande que l'on est toujours autorisé à confisquer l orsqu'elles sont trouvées à destination de l'ennemi. Autrefois, ces listes étaient fort courtes, elles comprenaient au plus une quinzaine d'articles. Elles sont devenues plus longues, puis très longues, sans que l'on doive accuser de cette progression l'avidité plus grande des belligérants. Les marchandises susceptibles d'être utilisées à la guerre se sont diversifiées et augmentées dans une proportion inouïe. Pendant des siècles on a fait la poudre à canon avec du soufre et du salpêtre et avec rien d'autre. Aujourd'hui, on fait de la poudre avec du coton, du bois, de la graisse, de la benzine, bien d'autres substances encore. L'essence, le caoutchouc sont devenus des marchandises de première nécessité à la guerre, et combien d'autres exemples existent encore. Comme un belligérant a le droit incontestable de saisir et de confisquer toutes les substances dont on peut se servir pour le combattre, comme à toute époque ce droit a compris celui de faire subir un sort pareil aux appareils et

---

(1) Le gouvernement allemand fait un tel usage du mensonge qu'on ne sait jamais quelle est dans ses déclarations la part de la vérité. Ainsi on peut se demander si les souffrances de sa population dont il fait état dans sa correspondance avec les États-Unis ne sont pas simplement une invention destinée à brouiller les cartes entre les États-Unis et la Grande-Bretagne. Même si elles sont véritables ces souffrances, on peut toujours répondre à Allemagne qu'elle a un moyen sûr de les faire cesser, c'est de demander la paix. — Ces plaintes s'appellent en France des larmes de crocodile.

instruments dont il faut se servir à la guerre, et comme ces appareils sont sans nombre, peu à peu la liste des marchandises de contrebande se rapproche du point où elle embrassera le commerce maritime tout entier.

Voilà pourquoi les listes de Londres ont été bouleversées sans hésitation. A la guerre il faut pouvoir se battre et un droit ne mérite aucun respect s'il brise entre les mains du combattant les armes dont celui-ci a besoin pour terrasser son adversaire.

La facilité constante des transports a causé une autre dérogation aux règles anciennes. En principe, on n'arrête la contrebande que si elle est destinée à un belligérant. Mais elle peut être destinée à un neutre voisin du belligérant à qui il s'agit de la faire parvenir, ce neutre étant par son voisinage même certain d'y réussir. Alors toute l'utilité de la poursuite de la contrebande peut être perdue. On remédie à ce défaut au moyen de la théorie de la continuité du voyage qui permet de saisir même les marchandises dirigées sur le port neutre voisin du belligérant. La théorie de la continuité du voyage a été fort discutée. En France particulièrement nous y étions fort opposés. Il faut en reconnaître maintenant la nécessité et renoncer à notre opposition, elle est devenue insoutenable.

Pour le blocus également, les règles anciennes doivent être profondément modifiées. Il y a un siècle on concevait un blocus comme une opération consistant à mettre des navires devant un port ennemi pour arrêter les bateaux de commerce qui tenteraient d'y entrer ou d'en sortir. Il ne peut plus être question de faire stationner des navires devant un port ennemi ou même à proximité de ce port, ils périraient infailliblement. Les blocus seront faits dorénavant de très loin et fatalement on se rapprochera du blocus fictif si souvent honni et même de l'interdiction du commerce, cette mesure extrême que l'on ne pensait pas voir revivre dans les guerres modernes (1). Vaudrait-il mieux renoncer au blocus ? c'est impossible, c'est plus impossible que jamais. Plus nous allons, plus les guerres tendent à absorber les peuples tout entiers, plus la fiction des guerres d'État à État et non entre particuliers devient misérable et

---

(1) Décret du 13 mars 1915. Cette interdiction de commerce a été décidée par représailles contre la guerre sous-marine allemande. Elle ressemble à un blocus, puisqu'elle arrête toutes les marchandises allant en Allemagne ou en venant, mais elle est plus sévère sur ce point qu'elle saisit tous les produits du sol allemand ou de l'industrie allemande. Une telle interdiction est à l'opposé de la liberté du commerce maritime. Elle n'en représente pas moins la mesure la plus rationnelle et la plus efficace de la guerre maritime.

ridicule, plus aussi donc il importe que l'on puisse se servir des moyens de guerre qui retentissent sur la condition du peuple, et le blocus est un de ces moyens.

Ces changements étaient inévitables et la faute n'en est à personne. Ils sont le produit de la politique militaire des États, de l'invention de moyens de guerre plus puissants, de la naissance de nécessités nouvelles. Inutile de s'en plaindre. Nous n'y pouvons rien. Mais le changement le plus colossal que nous ayons vu, le plus menaçant aussi, est celui qu'entraîne la guerre pratiquée par les sous-marins. En voyant se produire cette merveilleuse invention de bateaux sous-marins, le sentiment le plus naturel a été l'admiration. Nous voyons cette invention porter ses fruits maintenant et nous sommes tout près de la maudire, car elle menace de faire crouler les principes les plus respectables du droit de la guerre maritime. Or le droit de la guerre maritime n'est point un jeu de l'esprit, une construction brillante et fragile comme celles que nous ont laissées les Conférences de la Haye, c'est un recueil de règles que l'expérience des siècles a consacrées et dans lesquelles s'est concentrée la sagesse de nombre de générations. A l'heure actuelle, ces règles sont complètement bouleversées.

Nous ne parlons pas ici de la guerre proprement dite, de l'action dirigée contre les vaisseaux de guerre. Qu'un sous-marin lance sa torpille et que cette torpille coule un cuirassé, il n'y a rien à dire à cela. Rien ou peu de chose. C'était une règle invariable de l'ancien droit de la guerre qu'un vaisseau doit hisser son pavillon avant de tirer son premier coup de canon. Pour un navire immergé, pas d'application possible de cette règle. La conséquence de ceci nous paraît être qu'un navire pourra tirer sur un sous-marin ennemi sans montrer ses couleurs. Il est juste que les sous-marins se voient appliquer à eux-mêmes la loi qu'ils ont inaugurée contre les autres. Au contraire, les ballons et aéroplanes paraissent devoir suivre la règle ancienne de la guerre maritime et arborer leur pavillon avant de faire feu.

Mais la grande révolution qui s'est produite n'est pas dans ce domaine, elle se trouve dans l'action des sous-marins contre la marine marchande ennemie. Autrefois la procédure suivie était invariable. Le vaisseau de guerre ou le corsaire qui rencontrait un bateau marchand l'arrêtait par un coup de canon à blanc, et envoyait un officier à son bord. Cet officier examinait les papiers de bord, visitait en cas de besoin la cargaison et, au cas où il avait des raisons de suspecter la qualité prise par le navire, il le saisissait. Cela signifiait que le capteur mettait un équipage à bord de la prise et naviguait de conserve avec elle jusqu'à un port de son pays à lui capteur. Là s'instruisait le procès de la prise, et si le propriétaire ne démontrait pas nettement le caractère innocent du navire et de la cargaison, la prise était confisquée et vendue. On le remarquera, dans toute cette procédure aucune vie n'était menacée, aucune destruction consommée.

Pouvait-on couler une prise ? Dans l'usage le plus ancien, certainement non. Ce qui le prouve, c'est que des règles étaient posées touchant les reprises, c'est-à-dire les cas où le navire capturé était par une nouvelle action inverse de la première enlevée au capteur. On ne se serait pas autant préoccupé des reprises si le capteur avait pu couler sa prise. A l'époque de la guerre de Sécession, la question fut discutée et il fut admis depuis que le capteur peut couler sa prise dans les cas extrêmes, lorsqu'il ne peut pas la conserver sans un grave danger pour lui-même ou lorsqu'il ne possède pas de port où la conduire et la faire juger. Mais c'était une rare exception, et même dans ce cas, le capteur avait le devoir strict de mettre en sûreté l'équipage du navire capturé et d'emporter les papiers de bord pour rendre possible le jugement ultérieur de la validité de la capture (1).

Cette exception est devenue la règle. Un sous-marin peut arrêter un bateau, il peut encore le visiter, mais il ne peut ni faire une prise ni pourvoir à la sûreté de l'équipage du capturé. Que fait-il ? Il coule le bateau qu'il a rencontré par une torpille ou à coups de canon. On a mentionné des cas où des navires de commerce ont été torpillés sans avertissement préalable. Cela est purement et simplement monstrueux. Plus fréquemment le bateau est averti, on laisse quelques minutes à l'équipage et aux passagers pour s'embarquer dans des chaloupes et on coule le navire.

Ne disons pas que ce procédé est tout entier irrégulier, car il est clair que la guerre des sous-marins ne peut pas aller sans coutumes nouvelles, disons qu'il présente deux défauts graves. Le premier est de priver les propriétaires du bateau ennemi et de sa cargaison de la garantie qu'était pour lui l'existence du tribunal des prises. Sans doute ce tribunal est une juridiction bien particulière. Devant elle toute prise est pré-

(1) L'article 49 de la Déclaration de Londres nous paraît avoir émis une règle trop lâche en disant qu'on peut détruire la prise si sa conservation peut compromettre le succès des opérations de guerre dans lesquelles on est engagé. Il est toujours possible d'alléguer une pareille raison.

sumée valable, et c'est à l'intéressé de prouver son droit et de, démontrer à l'aide des papiers du bord que ses biens doivent échapper à la confiscation. Sans doute aussi la preuve est difficile à administrer et l'on n'y réussit pas toujours. Mais enfin telle quelle, cette juridiction représente une garantie de l'application du droit des gens aux prises maritimes. La guerre des sous-marins la supprime. Elle supprime aussi la déclaration de Paris du 16 avril 1856. Cette déclaration porte que la marchandise neutre est sauve à bord d'un navire ennemi. On doit donc, quand on saisit et confisque le navire, la délivrer à l'agent du propriétaire, lequel en retour paye au capteur le fret promis au capturé. En coulant le navire ennemi, on coule du même coup la marchandise neutre qui se trouve à bord et l'on déchire un traité de plus.

Mais là n'est pas l'inconvénient le plus grave de ces pratiques. Nous avons dit que les équipages de commerce n'ont jamais jusqu'à cette guerre partagé les dangers des combattants. On discutait le point de savoir s'ils peuvent être faits prisonniers, parce que c'est parmi eux que la flotte de guerre recrute ses marins. La convention XI de la Haye (art. 6) a décidé sur ce point qu'ils ne seraient pas faits prisonniers de guerre s'ils s'engageaient à ne pas prendre de service pendant les hostilités. Actuellement avec la guerre sous-marine, ou ces hommes coulent avec leur bateau, ou au mieux ils ont l'autorisation de s'entasser dans les chaloupes du bord et de s'enfuir s'ils le peuvent.

De la première alternative, rien n'est à dire : elle est du ressort de la pure barbarie.

Pour la seconde, il faut dire qu'elle ne trouve aucun appui dans les précédents du droit de la guerre maritime. Même dans les cas exceptionnels où il était admis que le capteur pouvait couler sa prise, il devait pourvoir à la sécurité de l'équipage du bateau capturé en prenant cet équipage à son bord. Abandonner cet équipage en pleine mer sur des chaloupes incapables de résister à un coup de mer est un procédé de pirate et non de marin. Cela ne peut même pas être appelé un moyen de guerre, car on ne voit pas quel avantage le belligérant en peut attendre.

Observons, pour que le tableau soit complet, qu'un sort tout pareil attend les passagers assez malchanceux pour rencontrer un sous-marin allemand sur leur route. On sait que des milliers de voyageurs ont déjà été les victimes de cette guerre sans précédents.

Ainsi par cette façon de faire, toute différence est supprimée entre combattants et non-combattants. Sur terre et sur mer des abus identiques se produisent, menaçant de ruiner l'édifice que la raison et la pitié avaient laborieusement construit.

Ici, qu'en est-il résulté ? Que les bateaux de commerce se sachant menacés de voies de fait ont pris le parti de se défendre. Ils ont hissé des canons à bord et à l'occasion ils s'en servent contre les sous-marins ennemis. De suite le gouvernement allemand, qui connaît très bien le droit lorsqu'il s'agit de juger la conduite des autres, a clamé que ces bateaux de commerce sont devenus des vaisseaux de guerre et doivent être traités comme tels. De là la nécessité de limiter à un délai très court l'asile qu'on leur donne dans les ports neutres et de réduire à une mesure très étroite le ravitaillement qu'on leur permet. Ces prétentions ont été avancées dans les négociations entre l'Allemagne et les États-Unis à propos de l'affaire du *Lusitania*, on a même prétendu, mais je n'en crois rien, que le président Wilson aurait promis d'obliger ces navires à désarmer si l'Allemagne promettait de son côté de ne plus torpiller les navires de commerce. Je n'en crois rien parce que cette solution ne serait pas celle d'un jurisconsulte (1).

Lorsqu'un particulier prend une arme pour résister au besoin aux attaques de brigands, on ne le traite pas lui-même de brigand pour cela ; de même le navire de commerce qui s'arme pour repousser des violences entièrement contraires au droit des gens ne devient pas pour cela un navire de guerre. Ainsi quand un bateau marchand prend à son bord des canons pour résister aux attaques auxquelles il peut succomber, il ne devient pas pour cela un navire de guerre. Il ne l'était pas lorsqu'il s'armait pour se défendre contre les pirates : pourquoi le serait-il davantage dans le cas présent.

Mais le branle est donné. Si ces détestables pratiques se continuent, peu à peu la distance se réduira entre la marine de commerce et la marine de guerre. On verra renaître les corsaires et ainsi sur un second point la déclaration de Paris aura cessé d'exister.

Ces mœurs sont détestables et il faut les faire cesser. Plus haut, en parlant du blocus et de la contrebande, nous avons dit que bien des no-

______

(1) Ce bruit était en fait erroné et la diplomatie américaine a toujours défendu cette idée, qu'un navire de commerce ne devient pas un vaisseau de guerre par ce seul fait qu'il emporte des armes pour sa défense.

tions anciennes doivent être réformées et mises en harmonie avec les nécessités de la guerre moderne. Mais cette transformation ne peut pas aller jusqu'à faire disparaître les lois élémentaires de l'humanité. Contre de tels abus les moyens les plus rigoureux sont légitimes, et ces moyens ne manquent pas.

Les sous-marins attaquent et tuent des personnes qui n'ont nullement la qualité de combattants ; les représailles exercées pourraient atteindre elles aussi des non-combattants du camp adverse et ce serait justice.

N'allons pas jusqu'à dire que l'action des sous-marins contre les navires de commerce est complètement illégitime. Par le fait seul que cette action présente des avantages stratégiques, elle doit être reconnue, mais dans la mesure où elle ne viole pas atrocement l'humanité. Un sous-marin peut arrêter un bateau de commerce, faire la visite, le déclarer de bonne prise. Il ne peut pas le couler, parce qu'il lui est impossible d'assurer la vie sauve à l'équipage et aux passagers.

On peut aller plus loin et nous admettrons parfaitement qu'il fasse jeter à la mer les marchandises qui seraient de bonne prise, la contrebande et la marchandise ennemie. Cela n'est pas sans doute conforme aux traditions, mais la guerre par sous-marins est une guerre nouvelle dont les conditions commandent des infractions aux principes anciens (1). Mais là est la limite de son droit ; à aucun prix on ne peut admettre autre chose.

Plus qu'aucune autre, la technique de la guerre maritime s'est renouvelée. La création du torpilleur, l'invention du sous-marin, la découverte de la télégraphie sans fil, l'usage de l'hydroaéroplane ont absolument transformé dans ce domaine les conditions de l'action guerrière et par une fatalité propre à la race humaine, toutes ces nouveautés tendent à donner à la guerre un caractère plus aveugle et plus atroce. Le commerce maritime s'en ressent, il s'en ressentira plus encore. Les corsaires d'antan ont disparu, mais le commerce n'y gagne rien : il perd et il perdra sur les mines plus de bateaux que les corsaires ne lui en ont jamais pris. On ne parle plus des pirates, mais les sous-marins les remplacent avantageusement.

(1) Un sous-marin peut-il chercher asile dans un port neutre ? Oui comme tout autre vaisseau de guerre. Peut-il s'y ravitailler ? En munitions certainement non, mais il pourra y prendre des vivres pour ses hommes, de l'essence pour ses machines. Cette dernière fourniture sera soumise aux restrictions admises quant aux fournitures de charbon.

Quelle direction le droit va-t-il prendre dans ce domaine ? L'expérience nous montre que les conventions de la Haye et la déclaration de Londres, bien que récentes, ne correspondent plus du tout aux nécessités de la guerre maritime. Il faut trouver autre chose. Assurer l'inviolabilité de la navigation de commerce est une chimère, il est probable au contraire que plus on ira, plus un belligérant cherchera à atteindre son ennemi dans son commerce et dans ses propriétés. Attendons-nous donc à des règles plus dures et non pas plus douces, cette progression est dans la logique des choses.

Mais au moins faudrait-il faire recevoir ce principe que dans tous les cas la vie des marins du commerce doit être épargnée, il faudrait surtout sanctionner ce principe par un système de représailles efficaces.

Si l'on n'y parvient pas, la tendance fatale des choses sera d'aboutir à la confusion de la marine du commerce et de la marine de guerre. La première, sûre d'être attaquée dans des conditions qui rendent la défense presque impossible, aimera mieux prendre l'initiative, elle attaquera elle-même. Elle attaquera jusqu'aux plus gros cuirassés et dans cette lutte du pot de terre contre le pot de fer, ce n'est pas toujours ce dernier qui aura l'avantage. Il est facile de mouiller des mines dans les endroits de passage, facile également, si l'on est en nombre suffisant, de couler régulièrement les transports et tenders sans l'assistance desquels les unités combattantes ne peuvent pas naviguer ; en outre, on peut en être sûr, les bateaux marchands trouveront des moyens (s'ils ne les ont déjà trouvés) de couler les sous-marins.

Par cette voie on reviendra précisément au point d'où la guerre maritime est partie, la lutte sera conduite et poursuivie par la marine du commerce qui ne se distinguera plus de la marine de guerre.

Ce retour aux traditions anciennes n'est pas souhaitable, la distinction des combattants et des non-combattants est meilleure, encore faut-il qu'elle soit respectée et elle ne l'est pas à l'heure actuelle par l'Allemagne. Si des règles plus humaines ne réussissent pas à s'imposer et il est à craindre qu'elles n'y réussissent pas, telle est la force du mauvais exemple, on arrivera forcément à un pur état de fait où le droit n'aura ni place, ni autorité quelconque.

VII

La neutralité.

La guerre présente qui a introduit dans les rapports des belligérants
tant de nouveautés que l'on se demande s'il reste encore quelque chose
de ce qui était autrefois la loi de guerre des peuples civilisés, n'a pas été
moins funeste à la doctrine classique de la neutralité. Les coups frappés
ici ont été moins retentissants, ils n'ont pas été moins graves et il nous
sera facile de montrer que de la neutralité ancienne il ne reste à
l'heure actuelle guère plus que le nom.

Cette guerre a débuté par un éclat, la violation de cette neutralité
belge que les traités du 15 novembre 1831 et du 19 avril 1839 avaient
solennellement établie, que la guerre de 1870 avaient respectée, dans
laquelle on se plaisait à voir l'une des meilleures garanties du repos de
l'Europe.

Ce fait est très grave, on en a parlé maintes fois et le chiffon de papier
de M. de Bethmann-Hollweg sauvera le nom de cet homme de l'oubli.
L'Allemagne a pris le chemin du Luxembourg et de la Belgique parce
que c'était pour elle le moyen le plus sûr de pénétrer en France, là est
la vérité toute nue, mais encore une fois ce fait est très grave et pour
deux raisons surtout ; il a montré que l'on ne peut pas se fier à la parole
de l'Allemagne, car dans la circonstance elle n'a pas hésité à violer un
traité qu'elle avait signé et il a ruiné le prestige qui s'attachait à l'idée
de neutralité perpétuelle. On ne trouvera pas dans l'histoire d'exemple
plus net de déloyauté.

Il est vrai que les docteurs allemands — et en Allemagne tout le
monde est docteur ou à peu près — enseignent que des traités ne peuvent pas barrer la route à l'Allemagne lorsqu'elle poursuit son œuvre
de domination sur le monde, mais cette raison est difficile à faire accepter hors de l'Allemagne. On dira peut-être que le traité de garantie de

1839 a été signé par la Prusse et que nous avons affaire maintenant avec l'empire d'Allemagne. On ne le dira pas trop cependant parce qu'à ce compte-là tous les traités anciens auraient perdu leur valeur, on ne pourrait donc plus les invoquer ; on a été jusqu'à prétendre — mais je dois avouer que j'ai eu cette information par la presse seulement — que, les traités étant résolus par la guerre, le traité de 1839 avait perdu son autorité. Il en résulterait qu'une garantie donnée pour le cas d'une guerre deviendrait fatalement impuissante au moment même où l'on aurait intérêt à l'invoquer.

Il semble donc que la cause de l'Allemagne ne puisse pas dans la circonstance être défendue. Elle l'a été cependant et notamment un mémoire dû à la plume d'un colonel von Weck, mémoire que j'ai eu sous les yeux, contient à cet égard les affirmations les plus étonnantes. La neutralité de la Belgique n'aurait pas été violée par l'Allemagne parce que neutralité ne veut pas dire inviolabilité ; un neutre peut très bien livrer passage à une armée sans perdre sa neutralité. Nous l'ignorions et nous avions toujours cru le contraire. L'ancien droit connaissait une neutralité imparfaite qui admettait le droit de passage (1), particulièrement quand il avait été stipulé antérieurement à la guerre. Depuis que l'on ne parle plus de neutralité imparfaite, on ne parle pas davantage du droit de passage innocent.

Pour appuyer ce singulier raisonnement, l'auteur de ce pamphlet fait état sur la foi d'un juriste belge du nom de Norden, d'une prétendue différence entre les traités de 1831 et de 1839, le premier contenant une promesse d'inviolabilité du territoire belge que l'on ne retrouve plus dans le second. D'où cette conséquence que le territoire belge est neutre, mais non pas inviolable. Toute la bonne foi germanique apparaît dans ce rapprochement. Que l'on se reporte aux dispositions citées et on verra qu'en ce qui concerne la neutralité belge, la seconde est calquée sur la première. Elles ne parlent ni l'une ni l'autre d'inviolabilité, c'est la déclaration du 20 novembre 1815 relative à la neutralité helvétique qui emploie cette expression.

La même brochure reproche à la Belgique des négociations suivies avec l'Angleterre en vue du débarquement de forces anglaises sur le sol belge. C'est ce qu'elle appelle un projet d'invasion de la Belgique. Il faut bien compter sur la naïveté de ses lecteurs pour oser de pareils

(1) Vattel, *Droit des gens*, II, p. 473 et s. ; Klüber, *Droit des gens*, § 281.

arguments. Que la Belgique ait prévu une coopération de l'armée anglaise pour le jour où sa neutralité serait menacée, c'est possible et on ne peut que la louer d'avoir agi ainsi. Elle a délibéré avec un de ses garants de la façon dont serait fournie la garantie promise, elle a eu grande raison de le faire ; si menacée par l'Angleterre elle eût traité avec l'Allemagne, cette autre garante de sa neutralité, du secours que celle-ci lui fournirait, qui pourrait trouver à redire à cela en Allemagne ou ailleurs ?

Cette histoire est à mettre à côté de celle du peloton de dragons français qui serait allé le 31 juillet jusqu'à Bouillon, alors qu'il était expressément ordonné à nos troupes de rester à une distance minima de 10 kilomètres de la frontière. On a honte de s'arrêter à de pareilles billevesées que le nom du belge Norden et du suisse Blocher accréditeront malaisément, car ces prétendus juristes sont totalement inconnus et l'on devine sans peine à quelle source ils ont puisé leurs opinions.

La violation de la neutralité belge a une autre conséquence fort sérieuse également. Si la reconnaissance solennelle d'une neutralité accompagnée de la garantie des Puissances ne suffit pas à écarter une attaque menée par deux des garants, quelle peut être dans l'avenir la valeur d'une telle stipulation ? C'est une invention du droit public moderne. On avait recouru à cette idée de neutralité moins dans l'intérêt du pays pour qui l'on s'occupait de forger cette cuirasse que dans l'intérêt supérieur de la paix de l'Europe. Et l'on comptait tellement sur le respect de cette neutralité que cette croyance était devenue un piège pour les États voisins, insoucieux de garder leur frontière d'un côté où il leur semblait impossible qu'elle fût attaquée. Nous en savons quelque chose en France.

La sécurité attachée à l'idée de neutralité perpétuelle n'existe plus. Dès lors convient-il de maintenir cette institution? Je me garderai de toute affirmation absolue sur ce point, il est à examiner fort attentivement. Mais j'indiquerai d'abord une tendance à laquelle il importe de ne pas céder. Beaucoup diront au lendemain de la guerre que l'on ne reverra plus d'agression aussi sauvage, aussi contraire à toutes les lois connues, qu'il faut simplement restituer l'état antérieur, que la neutralité rétablie sera dorénavant respectée. C'est illusion pure. A la guerre les mauvais exemples font toujours école, et il est certain que par le seul fait de l'agression de l'Allemagne, la neutralité perpétuelle aura perdu beaucoup de son prestige. Faudra-t-il cependant la maintenir ? les intéressés en jugeront. J'avouerai volontiers que ce bloc enfariné ne me dit rien qui vaille. La neutralité n'est plus une garantie de la paix européenne et l'Europe ne la verra plus avec la même faveur.

Quant aux pays neutres, incapables par leur neutralité même d'entrer dans un système d'alliances qui lui donnerait une sécurité vraie, ils seront obligés de s'armer jusqu'aux dents pour se défendre au besoin, sachant que la garantie qui leur est promise reste bien souvent illusoire. Les garants peuvent être éloignés, ils peuvent être occupés ailleurs, ils peuvent refuser de remplir leurs obligations, si même ils ne les enfreignent pas (1). Tout cela est de bien peu de sûreté et les États neutres préféreront peut-être les dangers d'une politique indépendante à la fausse sécurité d'un titre que l'on ne respecte plus.

De même que la Belgique, la Suisse aura à examiner ces questions. Elle a couru des dangers, elle ne l'ignore pas. Elle sait que ces dangers peuvent renaître, elle le sait si bien qu'elle a appelé ses troupes et qu'elle les maintient prêtes à combattre. La guerre qui enrichit certains commerçants suisses ruine la Suisse, et sa neutralité n'est nullement propre à lui venir en aide dans cette nécessité. Elle aura à rechercher si sa neutralité de droit est encore pour elle de quelque valeur ou si d'autres garanties ne seraient pas moins onéreuses et plus efficaces.

Mais c'est de la neutralité occasionnelle qu'il faut surtout parler ici, car c'est encore elle qui nous a fourni au cours de cette guerre le spectacle le moins attendu. La neutralité est l'état d'un peuple qui en fait ne participe pas aux hostilités, quoique rien en droit ne l'empêche de se mêler à la lutte, d'un peuple qui entend demeurer en paix pendant que d'autres sont en guerre et qui assiste en spectateur désintéressé à une lutte qui ne le concerne pas.

Rien de plus éloigné de la réalité, il faut le dire, que l'idée que la doctrine se fait des neutres. On aime à les considérer comme des sages qui attendent impatiemment le moment où la paix pourra être rétablie, bornant jusque-là leur activité à servir d'intermédiaires aux belligérants et à leur rendre en leur qualité d'amis communs ces services qui ne peuvent pas compromettre ceux qui s'en acquittent, l'assistance aux blessés par exemple ou encore le soin de la visite et de la correspondance des prisonniers.

(1) Depuis que le Portugal est en guerre avec l'Allemagne, la Suisse n'a plus aucun garant qui ne soit déjà pour son propre compte un belligérant. Sa neutralité ne possède donc plus aucun appui au dehors.

Le droit compte aussi sur l'opinion des neutres. Il espère qu'elle saura faire sentir à celui des belligérants dont la cause est injuste la réprobation soulevée par son agression, qu'au besoin elle protestera contre les infractions graves aux règles posées par le droit des gens, enfin qu'elle hâtera de tout son pouvoir le moment de la cessation des hostilités.

Pour correspondre à cet idéal, le droit a inscrit sur ses tablettes deux grands devoirs qu'il a mis à la charge des États neutres, l'abstention qui ne leur permet de prendre aucune part aux actes d'hostilité, et l'impartialité qui leur commande de traiter semblablement l'un et l'autre belligérant dans le domaine de l'activité qui demeure permise à l'État neutre. Puis comme après tout il n'est pas possible de suspendre pendant la guerre le commerce des neutres avec les belligérants, le droit permet aux particuliers tout commerce avec les nations en guerre, le seul commerce de la contrebande excepté, en même temps qu'il interdit aux États neutres toute aide apportée à l'un ou à l'autre des belligérants. Dans cette opposition très nette de la condition de l'État et de celle des particuliers, réside l'esprit de la neutralité et il nous semble que la pratique en l'établissant est arrivée à une solution assez élégante et équitable des difficultés de la situation.

C'est dans cet esprit qu'ont été conçues les deux conventions de la Haye de 1907 sur la neutralité (V et VIII), mais ces conventions, pas plus que les autres de la même date, n'ont d'application à la guerre actuelle.

Ce tableau ne correspond plus du tout à la réalité, disons à la réalité de la guerre actuelle, car nous ne prétendons pas que les anciens principes seront désormais dépourvus de toute valeur. Peut-être dans une guerre très limitée trouveront-ils encore leur emploi ; dans une guerre générale, ils ne servent plus à rien et ce n'est pas pour nous une surprise. L'histoire démontre que dans les guerres générales la notion de neutralité est presque impossible à maintenir. Il n'y avait pas de neutres à l'époque de la Révolution et de l'Empire.

Disons d'abord que l'on se trompait fort en espérant que les neutres useraient de leur influence en faveur de la cause du droit et de l'humanité. A la vérité cette espérance révélait un trop grand optimisme. Déjà en 1870, la politique artificieuse du chancelier prussien n'avait pas rencontré chez les neutres une opinion éclairée ou résistante. Le succès des armes allemandes aidant, le monde presque entier avait épousé la cause allemande, sans se douter de l'avenir que les victoires allemandes lui réservalent. Les yeux se sont dessillés depuis, et bien des neutres favorables de 1870 sont aujourd'hui les adversaires acharnés des armes germaniques. Ce n'est pas l'Allemagne qui a changé pourtant, et l'entreprise de 1914 est la fille légitime de l'entreprise de 1870, c'est l'illusion qui s'est dissipée et la vérité qui enfin a réussi à se faire jour. Nul ne doute que le conflit actuel ne soit l'œuvre propre de l'Allemagne. S'est-il élevé parmi les neutres une seule voix pour blâmer l'Allemagne d'avoir par pure cupidité mis l'Europe à feu et à sang ? Absolument aucune. Bien au contraire. Grâce à l'argent allemand, les mensonges allemands ont trouvé grand crédit chez les neutres, et on cite des pays où l'opinion récemment encore était que l'Allemagne fait une guerre purement défensive. Cela ne témoigne pas d'une grande ardeur dans la recherche de la vérité.

Il est de notoriété publique que les Allemands ont fait particulièrement au début de la campagne une guerre de véritables sauvages. Des enquêtes ont été instituées en France et en Belgique conduites par des personnes dignes de toute confiance, elles ont abouti à des résultats écrasants. A-t-on vu les neutres élever des protestations, rappeler même en termes amicaux et modérés l'Allemagne au respect du droit des gens ? On ne l'a pas vu. Les neutres ont-ils stigmatisé la violation de la neutralité belge ? Les neutres ont-ils eu un mot de reproche pour le mépris de ces principes qu'ils avaient solennellement déposés dans les conventions de la Haye ? Ont-ils averti, prié ou menacé ? Ils n'ont rien fait du tout, montrant ainsi le cas qu'il faut faire de leurs paroles. Bien plus, dans une réclamation relative au *Lusitania,* le plus grand des neutres n'hésitait pas à féliciter l'Allemagne du respect qu'elle avait montré jusque-là pour le droit des gens.

On appellera cela un égoïsme sacré. Bien, mais alors ne parlons plus de justice ni de droit.

Les tendances montrées par les neutres au cours de cette guerre sont à apprécier au point de vue politique et au point de vue commercial.

Au point de vue politique, leur attitude a été aussi éloignée que possible de l'idée traditionnelle de la neutralité. Un neutre doit rester par définition étranger à la guerre. Il n'est ni pour l'un ni pour l'autre des belligérants, sa condition devrait être celle d'un simple spectateur, elle a été au contraire celle d'États soucieux de profiter de tout, de ne point laisser passer l'occasion de satisfaire leurs ambitions. Pourtant ne généralisons pas trop. Les pays neutres très éloignés du théâtre des hostilités, les États du Nouveau Monde par exemple, sont demeurés de véritables neutres, mais ils ont été les seuls. Ce n'est à dire que l'on n'ait pas fait beaucoup pour les engager à sortir de cette attitude expectante. Les Empires du centre voulaient obliger les États-Unis d'Amérique à exiger des Alliés qu'ils laissassent pénétrer en Allemagne les cargaisons de vivres, s'opposant ainsi à des mesures militaires prises par des généraux dans l'intérêt des opérations par eux conduites. N ns avons fait justice de cette prétention. Les États-Unis se sont sagement refusés à agir, mais s'ils avaient cédé aux sollicitations des agents de l'Allemagne, qui ne voit que leur conduite aurait été en opposition avec le devoir d'impartialité qui incombe tout spécialement aux neutres. Qu'un État tiers et ami, voyant violer odieusement les principes les plus certains et les plus élémentaires du droit des gens par un belligérant lui fasse certaines représentations, qu'il le menace même de lui refuser ses bons offices s'il persiste dans cette conduite, cela se comprend, mais ce serait tout autre chose de la part d'un neutre de prendre parti violemment pour une thèse édifiée par l'un des belligérants pour les besoins de sa cause, et on qualifierait bien ce procédé d'infraction aux règles de la neutralité. Ce serait en effet une immixtion directe dans les hostilités.

L'Allemagne a de même demandé aux États-Unis que les industriels de ce pays soient empêchés de fournir du matériel de guerre à ses ennemis. A quel titre pouvait-elle élever une semblable prétention ? De tout temps il a été admis que les commerçants des pays neutres peuvent à leurs risques et périls envoyer aux belligérants des marchandises de toute sorte ; dans toutes les guerres de quelque importance, les États en lutte ont reçu de l'étranger des armes et des munitions. Il est interdit à l'État lui-même de faire de pareilles fournitures, mais les particuliers jouissent en cette matière d'une liberté complète. Seule la construction de vaisseaux de guerre ou de corsaires a été jugée illégitime par le traité de Washington du 8 mai 1871 : encore faut-il observer que cette règle, qui devait être proposée à l'approbation des Puissances maritimes, n'a jamais reçu cette approbation, et qu'à l'heure actuelle elle ne forme pas encore un principe d'une certitude absolue.

C'est contrairement à ces principes certains et universellement observés que la grande République américaine devait intervenir à la demande de l'Allemagne. En réalité, une telle prétention tendait à associer les États-Unis à la cause des empires du centre.

Mais remarquons-le encore une fois. Si les États-Unis se sont au cours de cette guerre maintenus dans la ligne d'une neutralité correcte, ils n'ont absolument rien fait pour protester contre les violations du droit des gens dont les armées allemandes sont coutumières, rien même de réel pour venger la mort des Américains, victimes des actes de piraterie des sous-marins allemands.

Nous ne connaissons pas assez les circonstances de cette longue abstention pour formuler une critique, mais sachons voir au moins que ceux-là se font une grande illusion qui pensent que les neutres puissent être les contrôleurs et les garants de l'observation des préceptes du droit de la guerre.

Les neutres voisins des belligérants nous ont fourni par contre un spectacle singulier, le spectacle de peuples et de gouvernements bien résolus à profiter de l'occasion que leur donne ce grand bouleversement pour contenter leurs ambitions.

La guerre, loin de leur inspirer des résolutions d'abstention et d'effacement, a allumé leurs convoitises et leur politique paraît avoir été non pas de n'appartenir à aucun parti, mais de balancer sur le choix du parti qui leur promettrait les plus grands bénéfices aux moindres frais. Nous ne connaissons pas encore les tractations qui ont pu avoir lieu à ce sujet (les connaîtra-t-on jamais), mais il n'est pas douteux que dans un pareil état de choses la neutralité n'est qu'une pure apparence. On se dit neutre et en réalité chacun brûle, non pas précisément d'entrer dans la lice, mais de partager les bénéfices de la victoire. Que deviennent en présence de pareilles dispositions les faibles barrières que le droit a tenté d'élever entre les neutres et les belligérants, et comment les neutres veulent-ils que l'on respecte leur neutralité lorsqu'on les sent toujours à la veille de se mêler à la lutte ?

La distinction des neutres et des belligérants est cependant l'une de ces notions fondamentales sans lesquelles on n'imagine pas qu'un droit de la guerre puisse exister. Cette notion est fort menacée, et si désastreuse que doive être sa ruine, si cette ruine doit se produire, on ne voit rien qui puisse l'empêcher.

Il y a là une question de morale internationale devant laquelle on se sent impuissant. Rien n'empêchera jamais un État en guerre de se chercher des alliés, rien non plus ne saurait empêcher un État qui espère tirer parti de sa détermination de se joindre à l'un ou à l'autre des belligérants.

Cependant, si cette façon de faire passe en habitude, on verra les guerres s'étendre de proche en proche, alors qu'il importerait au monde qu'elles se limitent rigoureusement aux États entre lesquels elles sont nées. Ce sera la fin de la neutralité et une aggravation de l'état de guerre qui par une singulière ironie du sort se sera produite dans un temps où l'on ne se lasse pas de parler de concorde et de paix. Nous sommes menacés de ce nouveau mal, cela est évident. Que Dieu nous en préserve !

Passons à la face commerciale et juridique de la neutralité. Elle nous fournit l'occasion de relever un autre trait très accusé de la neutralité au cours de cette guerre.

Lorsqu'on examine la condition des neutres, leurs droits et leurs devoirs, on est volontiers porté à plaindre les neutres, un peu aussi à les admirer. Ils ne sont point responsables de l'état de guerre, ils ont souvent tout fait pour l'empêcher de se produire, la cause disputée sur les champs de bataille n'est pas leur cause, ils n'ont rien à attendre de la victoire de l'un ou de l'autre parti : cependant ils souffrent de l'état de guerre. Là c'est un blocus qui arrête leurs vaisseaux, ici l'interdiction du commerce de contrebande qui peut ruiner leurs industries, ailleurs ce seront les opérations elles-mêmes qui détruiront les établissements fondés par eux sur le territoire des nations belligérantes. Que de pertes pour eux et pourtant cette guerre n'est pas leur guerre.

Il suffit d'ouvrir les yeux pour voir que la réalité ne répond point à cette image. La neutralité est pour les nations une période bénie qui leur apporte un enrichissement fabuleux. Lorsqu'une grande guerre éclate, le parti maître de la mer fait disparaître en peu de temps des routes commerciales le pavillon de son adversaire, le pavillon neutre demeure libre, il fréquente les ports étrangers, noue des relations commerciales nouvelles et se constitue une clientèle qu'il ne tiendra qu'à lui de conserver lorsque la paix aura été rétablie.

Et cela est encore peu de chose en comparaison des bénéfices que le commerce neutre tire directement de la guerre. Un conflit important crée des besoins immenses que l'industrie de pays agités par la guerre et manquant du reste de main-d'œuvre ne peut pas satisfaire. On recourt aux pays neutres, il faut avoir rapidement et en grandes quantités les marchandises dont on a toujours un besoin urgent ; on les paye au poids de l'or et si la guerre se prolonge, une grande partie de la richesse d'un continent se déverse sur un autre continent. C'est le débordement du Pactole sur les pays neutres.

Dans cette chasse aux milliards, les nations les plus voisines des belligérants sont aussi les plus favorisées. Non seulement elles écoulent dans les meilleures conditions toutes leurs réserves et toutes leurs productions disponibles, mais elles réalisent des profits considérables dans le simple métier de commissionnaire. Un territoire neutre ne peut pas être bloqué, il n'y a pas pour lui de contrebande de guerre. Il recevra donc librement les marchandises les plus compromettantes, celles qui ne pourraient pas être adressées directement aux pays voisins sans risque et parfois sans certitude de capture. Ensuite ce ne sera qu'un jeu pour les négociants de ce pays de faire passer ces biens à leur destinataire véritable, soit par la voie de terre qui échappe à tout contrôle de l'ennemi, soit par le moyen d'une navigation très courte et exempte de dangers. Tout cela rapporte gros et ne coûte absolument rien. C'est le commerce idéal.

Que ces considérations aient pesé lourdement sur les résolutions des États neutres, cela n'est pas douteux. On n'abandonne pas volontiers la condition de neutre lorsqu'elle est devenue très lucrative, on s'abstient de censurer les actes même les plus coupables d'armées en campagne lorsque ces armées sont celles d'un prince qui paye royalement. A la place du décalogue, les neutres ont adopté le nouveau précepte : enrichissez-vous. Egoïsme sacré dira-t-on encore. Cela n'est point très noble, cela n'est point très intelligent non plus, car en raisonnant ainsi on sacrifie la paix du monde au désir de remplir sa bourse, cela est bassement humain et surtout cela est d'une époque où beaucoup oublient que l'accomplissement du devoir est la plus sûre garantie du droit de chacun.

Laissons ces idées pour revenir à la doctrine juridique. Contre cet appât du gain et contre les ressources qu'il procure à l'ennemi, des mesures de défense doivent être prises, des mesures nouvelles, car le droit traditionnel ne suffit plus.

D'après la coutume, seul le commerce maritime des neutres avec l'ennemi est sujet à des restrictions. Sur le commerce par terre aucun contrôle n'est possible. La France n'a pas de moyen d'empêcher la Suisse de porter des armes ou des approvisionnements à l'Allemagne, elle était également impuissante à l'égard de l'Italie lorsque celle-ci était neutre. Il y a plus. La France doit souffrir que l'Espagne envoie à la Suisse les marchandises que la mer lui apporte pour que la Suisse les reverse ensuite sur l'Allemagne. Nous sommes obligés de tolérer que ces marchandises traversent notre territoire même si nous savons pertinemment qu'elles iront finalement en pays ennemi. Les traités de commerce et l'usage des nations nous y obligent.

Sur le commerce maritime un certain contrôle existe, contrôle très limité suivant le droit ancien. En bloquant un port on en paralyse le commerce, mais il faut faire stationner des navires de guerre devant la place bloquée, ce qui rend impossibles tous les blocus d'une certaine étendue. On peut aussi saisir sur mer la contrebande de guerre, mais seulement quand elle est adressée à l'ennemi et non quand on la porte à ces neutres voisins qui la feront régulièrement passer à l'ennemi.

Voilà une armure qui a bien des défauts.

L'usage des blocus par croisières a apporté un premier remède à la situation, il permet d'intercepter les communications avec l'ennemi dans un beaucoup plus large rayon. La théorie de la continuité du voyage a été un autre remède, elle permet d'atteindre les marchandises de contrebande portées à des neutres lorsqu'on a de fortes raisons de croire qu'elles sont destinées à l'ennemi, mais cette théorie n'a été reçue qu'avec peine, et la déclaration de Londres du 18 février 1909 ne l'admet que pour partie. Elle n'était pas suivie sur ce point.

Ces deux remèdes n'ont pas empêché les neutres de faire au profit de notre ennemi un vaste commerce de contrebande. Les statistiques douanières nous montrent les neutres voisins de l'Allemagne important cinq, six et jusqu'à dix et onze fois les quantités de marchandises qu'elles demandaient à l'étranger avant la guerre et c'est sur les denrées et marchandises les plus utiles à la guerre que l'on voit ces énormes augmentations se produire. La preuve est donc faite que ces neutres ravitaillent régulièrement notre ennemi; pour eux le droit ancien de la guerre est comme une excellente propriété d'où ils tirent des revenus abondants.

Contre ces procédés il faut de nouveaux moyens de défense, par conséquent un changement du droit de la neutralité, changement d'autant plus urgent que la guerre elle-même s'est transformée, devenant une guerre d'investissement et de blocus de pays entiers.

La matière est délicate. Il ne s'agit pas seulement ici de resserrer le blocus maritime ou d'étendre la théorie de la continuité du voyage, il s'agit d'atteindre le commerce terrestre des neutres avec l'ennemi. En cela on ne saurait agir avec trop de précaution, et toute mesure brutale doit être évitée. La Suisse par exemple reçoit d'Italie son blé et ses pâtes alimentaires, elle est la cliente habituelle et presque forcée de la France pour quantité d'objets manufacturés. Ira-t-on par des prohibitions de sortie et de transit la priver des biens les plus nécessaires. Il n'y faut pas songer. Pareille mesure serait anti-amicale, maladroite de plus et même injuste, car nous avons avec les neutres des traités de commerce dont la guerre n'affecte nullement la validité.

Il faut cependant aviser à ce que les neutres, ces pacifiques, ne ruinent pas par leur commerce l'effet des opérations militaires. La diplomatie s'y est employée certainement et bien qu'il soit encore trop tôt pour que l'on sache exactement ce qui a été fait, il est clair qu'il a été fait quelque chose, car nous avons vu les neutres édicter des prohibitions de sortie que n'expliquait pas le souci de la conservation de leur patrimoine industriel et commercial. Mais ces mesures ont été tardives et insuffisantes, insuffisantes à ce point que la France elle-même a contribué à alimenter l'Allemagne. Je ne parle pas ici des industriels éhontés pour qui même en temps de guerre l'argent n'a pas d'odeur, je parle des rafles faites dans certaines régions par des neutres qui étaient des agents de nos ennemis. Il faut donc autre chose.

Que peut être cette autre chose ? Le remède me paraît être dans l'extension de la théorie de la continuité du voyage au commerce par terre. Il faut partir de cette idée qu'un État en guerre n'est pas tenu de laisser passer des marchandises dans un pays neutre voisin d'un belligérant lorsqu'il a de bonnes raisons de croire que ces marchandises ont en réalité une destination ennemie.

Naturellement cette interdiction ne frapperait que les seules marchandises portées sur les listes de la contrebande de guerre. Elle s'appliquerait également au commerce direct et au commerce de transit, mais il ne paraît nullement nécessaire de la sanctionner par la saisie et la confiscation de la marchandise. L'interdiction de franchir la frontière suffit, mais il va sans dire que pour les nationaux du pays belligérant, il pourrait y avoir lieu à poursuite pour commerce avec l'ennemi s'il apparaissait que les expéditeurs étaient de mauvaise foi et connaissaient parfaitement la destination de leurs marchandises.

Mais comment distinguer les envois suspects de ceux qui sont destinés à alimenter le pays neutre ? La difficulté n'est pas insurmontable, nous le savons. Il suffirait de poser en principe que le belligérant n'autorisera, en ce qui concerne la contrebande de guerre, que la sortie mensuelle au profit du neutre d'une quantité de marchandises égale à celle qui avait traversé la même frontière au cours du mois correspondant de la dernière année de paix. Pratiquement, en réduisant à un petit nombre et si possible à un seul le nombre des bureaux de sortie, il serait facile d'appliquer cette règle. Alors le gouvernement de l'État neutre veillerait à ce que les marchandises importées fussent bien affectées aux besoins de ses sujets, car il aurait grand intérêt à ce qu'il en fut ainsi. La même règle serait indifféremment appliquée aux transports maritimes et terrestres.

Ceci serait la règle fondamentale, règle susceptible de modifications en cas de besoin. Il se peut que les besoins du neutre soient plus élevés que de coutume par suite de la guerre de ses voisins. Ainsi ce neutre peut avoir par prudence mobilisé son armée et par là même avc' partiellement paralysé sa propre industrie. Il est possible aussi que la guerre ait pour effet de tarir certaines des sources auxquelles il s'alimentait. On lui concédera alors des importations supérieures à celles que la règle ordinaire autorise, mais contre la garantie de l'État neutre que les biens ainsi importés serviront exclusivement aux besoins du pays neutre.

Un autre système a été exposé plus haut, qui dans certaines circonstances serait plus avantageux. Il est plus compliqué aussi, car il consisterait à obliger les commerçants du pays belligérant à avoir en pays neutre des correspondants auxquels toutes les marchandises à destination dudit pays seraient forcément envoyées. Ces agents les délivreraient aux destinataires, mais la délivrance ne serait jamais faite qu'avec l'autorisation du consul français et cette autorisation ne serait donnée qu'à certaines conditions. Il serait à recommander que la délivrance fût toujours faite par petites quantités et directement aux détaillants, parce qu'il n'est pas à craindre que le commerce de détail arrive à ravitailler dans une mesure sensible l'ennemi. Ce procédé plus complexe aurait l'avantage de pourvoir à tous les besoins du pays neutre sans exiger d'accords diplomatiques (1).

Les mêmes conditions pourraient à ce qu'il semble être faites aux

____

(1) Ce système vaudrait mieux que celui de la surveillance exercée par des sociétés locales, que l'on pratique actuellement. L'Allemagne menace la Suisse de la priver de charbons si la Suisse ne permet pas l'exportation des vivres ramassés par elle sur le territoire helvétique. Si le dépositaire des produits français en Suisse était un Français, pareille menace serait inutile.

transitaires. Cette extension au commerce terrestre de principes qui
sont restés jusqu'ici particuliers au commerce maritime serait la chose
la plus légitime du monde. On peut attaquer le blocus et l'interdiction
du commerce de contrebande par cette raison que ce sont autant d'infractions au principe de la liberté des mers. L'arrêt, la saisie des navires ont pour théâtre la pleine mer, un espace qui n'appartient à personne
et où tout le monde devrait jouir de la plénitude de sa liberté naturelle.
Ici il en est autrement. Nous sommes sur le territoire d'un belligérant
qui a le droit incontestable de se battre et de prendre chez lui toutes les
mesures de défense qu'il juge opportunes à l'encontre de son ennemi.
Les neutres ne peuvent pas critiquer cette conduite. Elle ne touche pas
à l'intégrité de leur sol et elle se justifie par les nécessités de la lutte.
Ils le peuvent d'autant moins qu'il existe comme nous l'avons montré des
moyens de concilier leurs intérêts avec les exigences de la guerre.

Terminons sur ce point par une observation.

Les avertissements lancés par l'Allemagne à la navigation neutre avant
l'ouverture de la campagne des sous-marins parlaient d'une zone maritime de guerre dans laquelle on leur annonçait qu'il serait dangereux
de s'engager. Voilà encore une innovation. Jusqu'ici les mers se divi-
saient au point de vue juridique en deux régions : la mer territoriale,
cette étroite ceinture qui baigne les côtes et demeure sous la juridiction
de l'État riverain, et la haute mer qui, n'appartenant particulièrement à
personne, appartient également à tous. Jusqu'ici la condition de la haute
mer a été uniforme. Il est permis de s'y battre, mais il est ordonné d'y
respecter les droits de la navigation neutre.

Exclure le commerce neutre de certaines mers, par exemple de celles
qui sont voisines de l'Angleterre et de la France, c'est entreprendre
arbitrairement sur les droits des neutres. Qu'un belligérant bloque les
côtes de son ennemi ou proclame contre lui une interdiction de commerce, il peut le faire s'il dispose d'une puissance suffisante pour soutenir ses résolutions. Mais menacer de perdition les navires qui s'aventu-
reraient dans certaines régions que l'on mesure à son gré, voilà qui
est nouveau et ne saurait être établi en dehors du consentement des neutres eux-mêmes. Il est certain que les avertissements de ce genre ne
déchargent pas le belligérant de la responsabilité qu'il encourt envers
les neutres dont il a détruit les navires. En quelque lieu que la destruction se soit produite, la responsabilité demeure la même.

VIII

Conclusion.

Il est temps de conclure et pourtant, après ces multiples observations, une conclusion générale paraît difficile. Certes il serait vain de prétendre dissimuler les graves atteintes portées au droit international. Nous avons vu périr du même coup nos illusions et ce que nous aimions à appeler nos certitudes. Nous pensions vivre dans une période de progrès, nous sommes dans une ère de régression. Les guerres d'après de Moltke lui-même ne se feraient plus pour un motif arbitraire ; le conflit présent, le plus grand que l'on ait vu en aucun temps, est né de la source la moins avouable de toutes, la soif de la tyrannie universelle. On parle volontiers de solidarité humaine, et pendant ce temps les peuples s'exterminent sur les champs de bataille, on comptait sur la courte durée des guerres de l'avenir et celle-ci est la plus longue que l'on ait vue depuis longtemps. Toutes les prévisions sont démenties par les faits, toutes les doctrines marquent leur impuissance. Laisserons-nous passer sans en tirer profit cette grande leçon qui nous est donnée sur la nature de l'homme et de la société humaine ?

Du côté du droit, les ruines ne sont pas moins nombreuses et l'on peut dire que l'on a vu violer par la coalition germanique toutes les règles modératrices que l'expérience des siècles avait fait prévaloir pour l'honneur de l'humanité. Rien ne tient plus dans ce vieil édifice, ni la distinction de ceux qui combattent et de ceux qui ne combattent pas, ni les prohibitions anciennes de certains moyens de guerre, ni le respect de la propriété privée, ni la pitié pour les blessés, ni la considération due aux prisonniers. Est-ce donc que tous ces vieux principes ont fait leur temps et les vertus qui avaient réussi à réserver au droit une place au milieu du fracas des armes n'existent-elles plus dans l'âme humaine ? Au moins ne nous hâtons pas de le penser. Il est plus probable que l'autorité du droit des gens n'est pas éteinte, qu'elle subit une éclipse simplement temporaire, éclipse due autant aux erreurs de ses propres serviteurs qu'à l'incroyable brutalité des habitudes allemandes.

Le droit de la guerre revivra, on peut l'espérer, mais il revivra sous des conditions bien différentes. Il faudra souhaiter un peu plus de raison au monde et espérer qu'il en aura assez pour fermer l'oreille à tous les empiriques qui se donnent pour avoir trouvé la formule du bonheur de l'humanité. A cette heure où la voix du canon domine tout, on entend déjà parler de systèmes de paix permanente, d'États-Unis d'Europe, de congrès. De congrès ! n'est-ce pas assez d'être allé à la Haye deux fois et faudra-t-il y retourner une troisième pour convaincre le monde de l'inanité des réunions de cette sorte.

Le XIX° siècle a été un siècle de congrès. A quoi donc ont-ils servi ? Combien de temps a duré la politique inaugurée par le congrès de Vienne et les réunions qui l'ont suivi ? Que reste-t-il de l'œuvre du congrès de Paris en dehors de la neutralité de ce petit archipel d'Aland sur laquelle on dispute aujourd'hui ? Qu'a valu notamment cette garantie si solennellement donnée à l'empire ottoman ? Quel a été le succès de cette pacification des États balkaniques décrétée à Berlin en 1878 ? Le résultat le plus net des grands congrès a été d'éterniser les discussions, d'aiguiser les ambitions particulières, d'habituer les hommes d'État à intervenir dans les affaires qui les concernent le moins, d'accréditer cette idée que les paroles peuvent remplacer les actes, une maxime que la science politique du XX° siècle fera bien de rayer de ses livres.

La communauté internationale n'est pas assez vertueuse pour que l'on puisse sans inconvénients remettre à la décision de tous les affaires de quelques-uns. Nous espérons que ceux qui ont supporté sans faiblir le poids énorme de cette guerre ne commettront pas la lourde faute de confier à un congrès le soin de régler leurs affaires. Ils connaîtront seuls les dangers qu'ils auront courus, les sacrifices qu'ils auront dû faire, ils organiseront seuls l'état de repos et d'équilibre qui succèdera à la lutte présente. Des remaniements considérables s'imposeront, ils les accompliront ; des précautions devront être prises, ils les prendront. Ils n'ont aucun besoin pour cela du concours de neutres intéressés ou perfides, moins encore du conseil de ces sophistes qui après avoir rendu la guerre inévitable par l'imprudence de leurs déclamations pacifistes, voudraient imposer au monde une paix boiteuse et un ordre précaire, sans autre garantie que leur courte sagesse et leur présomption infinie. La paix sera ce que les belligérants la feront. Si la cause de la justice et du droit est assez heureuse cette fois pour contempler la victoire des Alliés, il appartiendra à ceux-ci et à eux seuls de dicter les conditions de la paix. Le nombre et la grandeur des épreuves subies seront leur

sagesse. Ils ne se borneront point à régler les compensations légitimement dues, ils regarderont l'avenir, et soucieux de s'épargner à eux-
mêmes comme aussi d'épargner au monde le retour d'un pareil fléau, ils
prendront des garanties pour la paix.

La meilleure de ces garanties, la seule à la vérité qui ait une valeur,
sera le maintien d'une entente solide entre les Puissances qui ont combattu côte à côte. Point n'est besoin de réformer le monde ni même
l'Europe, et ce serait folie de le tenter. Il suffira qu'après les destructions
nécessaires, les Puissances qui ont combattu côte à côte conviennent de
suivre une politique commune et de la soutenir par toutes leurs forces
mises ensemble. A cela un bon traité d'alliance suffira, et au dehors que
l on sache que les Alliés ne se laisseront pas sans secours.

Aussi longtemps que durera cette entente, la paix ne sera pas troublée
et la crainte des armes des Alliés aura plus d'effet pour le maintien de
la paix que les systèmes les plus fameux et les congrès les plus bruyants.
On peut même envisager sans excès de témérité le cas où cette paix
durant depuis des années sans interruption permettrait à l'Europe de
diminuer sensiblement le poids de ses charges militaires.

Cet état résume nos plus vastes espérances. Elles sont encore modes-
tes. Ce ne sont pas moins les seules qui puissent être raisonnablement
entretenues.

Et encore ont-elles peut-être quelque chose d'excessif, car une autre
leçon se présente à nous qui n'est point une leçon de paix, mais une
leçon de guerre. En 1870, la France a été écrasée par l'Allemagne pour
avoir commis la faute de laisser son avide voisine s'agrandir aux dépens
du Danemark et de l'Autriche. Depuis 1914, l'Europe entière lutte contre
le bloc austro-allemand et paye de son sang le plus généreux l'imprudence qu'elle a faite en permettant à l'Empire allemand de développer
au delà de toute mesure sa puissance militaire.

Les faits nous donnent là une éclatante leçon, mais c'est une leçon
de guerre, répétons-le. On a répété à satiété en France que l'empereur
Napoléon III a commis une faute capitale en déclarant la guerre à la
Prusse. A la vérité, tous ceux qui redisaient ce reproche ne le croyaient
pas fondé et s'en servaient dans un but politique. La vérité est autre. En
1870, la Prusse voulait faire la guerre à la France et il était trop tard
pour l'en empêcher. C'est en 1866 que la grande faute a été commise.

Le tort de Napoléon III n'a pas été d'avoir fait la guerre à l'Allemagne,
mais bien de n'avoir pas fait cette guerre lorsqu'il en était temps.

La faute de l'Europe en 1914 fut encore plus lourde. L'Europe a ignoré
à la fois l'absolue perfection de la préparation militaire allemande et la
volonté arrêtée de l'Empereur de devenir le maître du monde. Pendant
que ces grandes choses se préparaient, les nations européennes prêtaient
l'oreille aux démagogues, éternels flatteurs du peuple qui allaient criant
sur les places publiques que l'Empereur d'Allemagne ne voulait pas la
guerre, que du reste la voulût-il, son peuple ne le suivrait pas. C'est ainsi
qu'on a laissé l'Empire choisir tranquillement son heure, et que plusieurs millions de familles portent le deuil de leurs fils. Pendant que ces
gigantesques préparatifs se faisaient, la diplomatie européenne était à
la Haye, occupée à assembler des nuées suivant des courbes harmo-
nieuses ; elle n'a pas eu un instant l'idée que l'Europe devait, à peine
de danger mortel, sommer l'Allemagne d'avoir à cesser ses préparatifs
de guerre ou à se battre. Ce fut encore une faute grave de laisser aux
peuples balkaniques le loisir de troubler perpétuellement l'Europe. On
a vainement cherché au congrès de Londres le remède à ces maux périodiques. Il eût été plus simple de signifier à ces fauteurs de désordre
que l'Europe ne tolèrerait plus de longtemps aucun changement à leurs
rapports respectifs. Si l'on n'eût pas évité par là la guerre actuelle, au
moins on eût épargné au monde l'état de malaise que lui infligeait cette
insoluble question. La force, instrument de désordre et de crime lorsqu'elle est mise au service d'une ambition insatiable, peut, inspirée par
l'esprit de justice, arriver à des résultats que la seule persuasion ne
produit pas.

Voilà les leçons que cette guerre nous donnent. Elles sont peu agréa-
bles en vérité, mais elles sont vraies. Si la science politique sait s'en
inspirer, elle y gagnera d'être moins meurtrière qu'elle l'a été, qu'elle
l'est encore.

Venons à la guerre et à ses lois. La lutte actuelle nous permet pour
la première fois de mesurer tout l'espace parcouru depuis que le droit
des gens a été formulé. Les guerres étaient autrefois l'affaire d'un nombre limité de personnes, elles sont devenues l'affaire de peuples entiers.
Lorsqu'on songe à la transformation que nous avons vue s'opérer dans
ce domaine depuis un demi-siècle, nous pouvons nous dire que notre
époque est exactement le contraire d'une époque de progrès. Aujour-
d'hui tout citoyen est soldat et vient grossir les armées de son pays sur

les champs de bataille. De là ces inutiles et désastreuses hécatombes,
inutiles certainement, car le différend de deux peuples se viderait aussi
bien par le choc d'armées de métier, de là la gravité singulière d'un état
de choses qui épuise les forces productives du monde en temps de paix
et menace les peuples de ruine complète en temps de guerre, de là
aussi ce phénomène logique de pays si prodigieusement préparés que
toutes les ressources de la nation sont employées à soutenir les armées
qui combattent pour elle.

Jamais on n'a été plus loin de la célèbre formule qui prétend restreindre aux seuls États les effets de la guerre. Mais il ne suffit pas de
constater les faits, il faut en voir les conséquences, elles créent à l'État
de nouveaux et importants devoirs. La guerre étant devenue l'affaire du
peuple tout entier, les opérations qu'elle implique prennent une ampleur
et une variété jusqu'ici inconnues. Je n'entends pas faire allusion aux
précautions qu'un gouvernement attentif prendra dès le temps de paix
pour éviter que le pays ne devienne un repaire de traîtres ou d'espions.
Ce sujet d'une haute importance est en dehors de ces études.

Ce que je veux noter, c'est ceci. Tout pays devant être troublé profondément par l'événement d'une guerre, il appartient aux pouvoirs publics
de prévoir cet événement et de prendre dès le temps de paix les mesures
qui permettront au pays de supporter l'état de guerre.

Jusqu'ici les prévisions ne dépassaient guère la mise de l'armée sur
pied de guerre et la pratique des réquisitions. Tout le reste se faisait
par mesures de circonstance. On ne tenterait plus actuellement en
France l'éloge d'un pareil système. Nous avons des séquestres, et le
droit qui leur est applicable n'existe pas. On a prononcé et sanctionné
l'interdiction du commerce avec l'ennemi et personne ne sait ce qu'elle
contient. Tout cela et bien d'autres choses demandent à être précisés,
sagement, à loisir, quand aucune menace de guerre ne paraît à l'horizon,
que l'on peut réfléchir et décider à bon escient.

Il faudrait poser des règes touchant la condition des sujets de l'ennemi,
décider si on leur permettra de partir et à quelles mesures de police ils
seront soumis. Il faudrait d'abord savoir qui doit être considéré comme
sujet de l'ennemi et ce n'est point chose facile. En supposant même que
nos lois sur la nationalité aient été révisées (ce qui est urgent), l'état de
guerre peut nécessiter à ce point de vue l'établissement de règles particulières. Il sera prudent à l'avenir de ne tenir aucun compte des naturalisations obtenues par des sujets ennemis à l'étranger. On leur appli-

querait ainsi en temps de guerre la règle de la perpétuité de la nationalité
d'origine, car ce vieux principe que l'on a repoussé comme féodal et barbare,serait à coup sûr bien plus intelligent à l'heure actuelle que le droit
dont nous usons. Nous avons depuis peu une loi sur le retrait de la
naturalisation. Ecrite sous la pression des circonstances, elle n'a satisfait personne, il serait bon de la refaire de sang-froid et à tête reposée.
De même de grandes précautions seraient à prendre contre les sociétés
suspectes. Une loi sur cet objet ne serait point inutile. Rien n'est plus
difficile à distinguer qu'une société neutre et une société ennemie, et
on peut toujours craindre que grâce à des artifices et des fraudes, un
système puissant d'espionnage ne se développe librement ou qu'un
ennemi ne réussisse à se ravitailler sur le territoire de son ennemi et au
détriment de ce dernier. Ce ne serait point demander trop que d'exiger
de toutes les succursales ou agences de sociétés étrangères que celles-ci
soient neutres par leur personnel dirigeant et par leurs capitaux ; encore
y aurait-il lieu de prendre des précautions contre celles qui ont des
ramifications en territoire ennemi.

Le principe de l'interdiction du commerce demande à être défini et
développé par le législateur lui-même. Il est justement sanctionné par
des peines sérieuses. Il faut que l'on sache quels actes de commerce
sont défendus et quelles circonstances de fait déterminent la culpabilité
de l'agent. De même l'institution des séquestres demande autre chose
qu'une réglementation par circulaires ministérielles. On doit savoir quels
biens la mise sous séquestre doit atteindre, quels seront les pouvoirs du
séquestre et quelle sera la destination des capitaux dont il est le dépositaire.

On devra songer également à fixer le sort des vaisseaux de l'ennemi
mouillés dans nos eaux territoriales au moment de la déclaration de
guerre.

Tout cela pourrait être appelé le droit civil de la guerre, droit dont
l'importance s'est singulièrement accrue et deviendra plus grande encore
dans l'avenir. De là le besoin de le réglementer. Lorsqu'on est en paix,
on incline à voir dans la guerre non pas une fatalité qui se produira
certainement, mais une éventualité toujours réservée au lendemain.Que
de gens pensaient hier encore qu'il n'y aurait plus jamais de guerre,
combien d'autres allaient disant qu'une guerre pouvait éclater, mais
qu'elle serait très courte, précisément en raison de l'énormité des maux
qu'elle entraînerait après elle. Cette illusion à la vérité était partagée par

tous. La guerre a éclaté, elle a comme on le prévoyait entraîné des maux énormes et cela ne l'a point empêchée de se prolonger, à ce point que l'on voit clairement qu'elle ne peut cesser que par l'épuisement complet de l'un des adversaires.

Le droit doit envisager les faits tels qu'ils sont et non pas tels que l'on souhaiterait qu'ils fussent. Ici le fait est que la guerre moderne absorbe l'intégralité des ressources des pays qui s'y trouvent impliqués, qu'il faut donc atteindre les moyens d'alimenter la guerre partout où on les rencontre. Il ne suffit pas de combattre les armées de l'ennemi, il faut anéantir son commerce, saisir ses biens, lui interdire tout ravitaillement à l'étranger, le mettre dans un état tel qu'il ne puisse plus tenir la campagne. Nous sommes loin de l'inviolabilité de la propriété privée, de la liberté du commerce avec l'ennemi, de cet âge d'or de la guerre que certains croyaient possible, aussi loin qu'on peut l'être d'un rêve quand on vient de s'éveiller.

Eveillons-nous donc complètement. Tout sujet de l'ennemi est un ennemi, comme le disait déjà Vattel, il faut le poursuivre et l'atteindre dans sa puissance combative. Les mêmes raisons qui opposent les bataillons aux bataillons, les batteries aux batteries commandent de tarir partout où on peut les atteindre les ressources de l'ennemi. Il faut faire la guerre au peuple ennemi, non pas seulement à coups de fusil, mais par tous les moyens qui peuvent le gêner dans son existence et le conduire au point où il ne pourra plus supporter le poids de la guerre. De là l'interdiction du commerce, le blocus et toutes les mesures que l'on est en droit de prendre pour empêcher les neutres d'abuser de leur indépendance en se faisant les agents et les complices de l'ennemi.

Cette guerre de l'arrière n'est pas moins indispensable que la guerre de l'avant, car enfin pour vaincre il ne suffit pas de gagner des batailles, il faut paralyser les forces de son ennemi et lui rendre impossible la continuation de la lutte. A une époque où les nations belligérantes ne travaillent plus que pour la guerre, c'est la nation elle-même qu'il faut réduire. La victoire est à ce prix.

A cela le droit des gens fera bien de pourvoir par une réglementation minutieuse des conséquences juridiques de l'état de guerre.

Parlons enfin des hostilités et des actes de violence qu'elles impliquent. Sur ce terrain le droit devra céder beaucoup si l'on veut lui conserver une autorité quelconque.

Dans sa lutte séculaire contre la guerre, le droit des gens a fini par oublier que les belligérants ne renonceront jamais à la liberté de se battre. On a pensé réduire le domaine de la guerre en réduisant progressivement l'étendue de cette liberté. C'était vanité pure. Puisqu'aussi bien le sort des nations est tel qu'elles ne peuvent vider leurs querelles que par les armes, il faut leur laisser le droit de se combattre, en principe par tous les moyens qui se trouvent de fait à leur disposition. On ne dose pas les moyens de guerre comme un chimiste dose une préparation. Le rôle du droit est autre. Il doit veiller sur l'honneur des belligérants, plaider la cause de l'humanité, condamner les rigueurs inutiles, faire appel à ces sentiments de pitié qui ne meurent jamais.

Le droit des gens ne s'oppose ni à l'extension indéfinie des armées modernes ni à l'emploi de nouveaux moyens de guerre même très puissants. Tout cela n'est évidemment pas dans ses vœux et les tendances opposées sont les siennes, mais encore ne doit-il pas s'opposer à ce que des belligérants emploient à se procurer le succès toutes les ressources de leur esprit et de leur puissance. Par contre il maintiendra de tout son pouvoir cette distinction des combattants et des non-combattants en dehors de laquelle la guerre dégénère fatalement en un état de désordre et de crime impossible à séparer du simple brigandage. Il réprouvera donc toute violence contre l'ennemi qui ne porte pas les armes, particulièrement contre les femmes et les enfants, parce que ces violences sont odieuses et indignes de l'humanité.

Le droit des gens ne se lassera pas de réclamer en faveur des blessés. C'est une question d'honneur autant que d'humanité. Les blessés doivent être remis sous un régime analogue à celui que leur appliquait la convention de Genève. Même si cette convention est jugée trop compliquée et exigeante, le principe de l'inviolabilité des blessés et l'obligation de soigner le blessé ennemi aussi bien que le sien propre doivent figurer dans les lois militaires de tous les peuples. On y joindra un court paragraphe sur le devoir de fournir aux prisonniers tout ce que requièrent les besoins de la vie, et par là le droit aura rempli sa tâche.

Le droit des gens ne s'étonnera pas de voir de nouveaux moyens de guerre mis en usage, et si ces moyens sont plus meurtriers que ceux que l'on pratiquait auparavant, il pourra en gémir, il n'essaiera pas de les proscrire. Que l'on use de projectiles plus gros, d'explosifs plus puissants, que l'on emploie les dirigeables ou les aéroplanes pour les lancer mieux et plus sûrement, que des sous-marins rendent la mer innavigable, il n'a rien à dire à tout cela. Mais si l'on empoisonne les puits ou les fontaines, si l'on s'envoie des gaz asphyxiants ou délétères, son devoir sera de rappeler que l'usage du poison et l'assassinat du chef ennemi ont toujours été des moyens de guerre condamnés par la conscience de l'humanité.

Si l'on use de balles explosibles ou susceptibles de déformation, si l'on mélange au métal du verre cassé ou de la chaux, le droit des gens dira que la guerre se fait en contemplation d'un but politique à atteindre et que les cruautés inutiles sont illicites simplement parce qu'elles sont inutiles.

Le droit des gens ne renoncera jamais à dénoncer les manœuvres déloyales dont un belligérant tenterait de s'aider dans son action. L'honneur est indispensable aux armées. Sans honneur le métier des armes serait le dernier de tous, sans l'observation de ses lois il serait impossible que la paix succédât à la guerre. On châtie des criminels, on les détruit si on peut les détruire, on ne fait pas la paix avec eux.

Le droit des gens de l'avenir parlera sans doute beaucoup moins de l'inviolabilité de la propriété privée, soit parce que les lois futures de la guerre tiendront toujours moins de compte de ce prétendu principe, soit parce que le droit, s'il veut recouvrer quelque autorité, devra subir moins qu'il ne le faisait le prestige des mots. Le respect de la propriété privée n'a jamais été dans la guerre une réalité, il l'est moins que jamais, il ne peut pas l'être. Ce qui importe, c'est que le soldat ne soit ni un voleur ni un incendiaire : pour le reste, gardons-nous de demander des prohibitions. La guerre aux propriétés est tout aussi efficace que la guerre aux personnes, quoique beaucoup moins nuisible.

A quel titre vouloir l'interdire, si ce n'est en faisant appel à quelques vieux brocarts qui n'ont jamais été vrais et auxquels personne ne croit plus. Donc si les blocus deviennent plus larges, si les listes de contrebande de guerre vont en s'allongeant, si on parle de nouveau d'interdiction du commerce, ne protestons pas. Le belligérant est dans son rôle lorsqu'il s'attaque aux richesses de son ennemi, et ce mode de combat corespond parfaitement au but de la guerre qui est moins de tuer et de blesser des hommes que de paralyser les forces de l'ennemi et de réduire sa volonté à l'impuissance. Le commerce neutre pourra en souffrir, mais il gagne par ailleurs et du reste il n'a jamais été écrit qu'une guerre doive être pour les neutres la source d'un enrichissement fabuleux. Le bien-être des neutres pourra également en pâtir, mais c'est là un accident inévitable dans les guerres de quelque durée. On a dit qu'il y a de l'inhumanité à priver un pays des denrées nécessaires à la vie, mais on ne le disait pas lorsque l'on assiégeait une ville et pourtant la clôture obtenue était bien plus rigoureuse encore. La ville se rendait quand elle n'en pouvait plus, le pays peut se rendre également.

Telles seront fatalement les directions du droit des gens postérieur à la guerre. Nous avons déjà montré que ce n'est pas par le moyen des traités, instruments fragiles et peu sûrs, que ce droit pourra se faire reconnaître. N'y revenons pas, mais demandons-nous en terminant à quelles sanctions ce droit pourra prétendre. Sur ce terrain encore, des illusions tenaces sont à pourchasser et à détruire. Il est si facile de dire que l'inobservation du droit de la guerre est due à ce qu'il n'a pas de sanction, mais que la lacune existante va être comblée et que ce droit s'observera. On lui trouvera une sanction sur le papier et comme de juste il ne s'observera pas mieux (1).

Telle fut cette étonnante invention de l'article 3 de la Convention IV de la Haye de 1907 où l'on crut tout sauver en imposant à celui qui violerait la loi l'obligation de réparer le préjudice causé. Cette formule est due à l'Allemagne. On ne paraît pas avoir songé un instant qu'il n'y aurait jamais de juridiction devant laquelle on pourrait poursuivre le débiteur ni de force publique capable de briser sa résistance. On ne songea pas davantage qu'il y aurait des guerres (comme la présente) où la convention ne serait pas en vigueur et où son article 3 demeurerait une lettre morte.

La question de la sanction des lois de la guerre n'a pas de solution directe, elle ne peut pas en avoir. Des belligérants, au moment même où ils font appel à la violence pour vider leur querelle, ne sauraient admettre le contrôle d'aucune autorité étrangère à la lutte. Toute barrière mise à leur action leur semblerait une atteinte et une menace, force est bien de les laisser à eux-mêmes.

Cependant des sanctions indirectes peuvent dans une mesure appréciable assurer l'application des lois de la guerre. La violence corrige

______

(1) On parle beaucoup à l'heure actuelle de donner une sanction aux lois de la guerre et beaucoup estiment que dans la découverte de cette sanction gît la clé du problème de leur observation. C'est une illusion de plus, n'en doutons pas. Jamais le droit de la guerre n'aura de sanction juridique régulière, jamais on n'ira dans cette voie au delà des simples représailles. Loin d'entretenir sur ce point des espérances que rien n'autorise, l'honnêteté oblige à dire bien haut que les choses sont ainsi.

parfois les excès de la violence, c'est ce qu'on appelle les représailles. Plus souvent le besoin d'ordre fait maintenir entre les soldats une exacte discipline et par suite, le respect des principes du droit des gens inscrits dans les règlements militaires.

Tout cela est relatif, incomplet et boiteux, n'en doutons pas. Mais si nous voyons autour de nous les abus se multiplier, si une école aussi détestable que prétentieuse ferme délibérément les yeux aux maux qu'engendre l'emploi de la violence pour n'en voir que les avantages, si les principes d'un droit des gens qu'un long usage avait confirmés sont volontairement foulés aux pieds, n'hésitons pas à voir la cause de cette anarchie dans le défaut d'un niveau moral suffisant. Nos sociétés modernes se grisent de mots, et loin de progresser, elles semblent résolues à courir à leur ruine. Elles acclament le principe des nationalités et ne voient pas de quelles luttes furieuses il va être le prétexte, elles font du service militaire une loi générale, obligatoire pour tous, et les guerres, au lieu de se livrer pour la prééminence, tendent à mettre en jeu l'existence même des nations, elles affichent un grand zèle de la paix et encouragent les sophistes à célébrer devant la foule le mérite de leurs constructions imaginaires, puis le moment d'agir venu, elles ne s'inquiètent plus que d'acquérir de la terre et d'amasser de l'or. Qui se souvient encore de l'encens brûlé devant les autels de la paix, de la concorde, de l'humanité, de la solidarité ... ? Qui dépenserait un sac d'écus ou sacrifierait un soldat pour appuyer ces principes proclamés nécessaires à la vie de l'humanité?

La guerre actuelle est à tous égards le grand crime de l'Allemagne, il ne serait que juste qu'elle en fût sévèrement punie. Mais la défaite des empires centraux ne résoudra pas à elle seule la question posée et ne rendra pas au droit des gens le prestige qu'il a perdu. Il faudra autre chose encore, une réforme dans l'esprit des peuples, une conversion dans la conduite de leurs chefs, que le peuple comprenne qu'il ne brisera pas la chaîne des conditions naturelles de la vie et qu'avec des droits il a aussi des devoirs, que les gouvernants sachent qu'il faut ménager les peuples et ne point leur imposer des fardeaux excessifs ; que la suprématie n'est pas nécessairement l'idéal à atteindre ; que si la force est utile, la modération dans l'usage de la force est utile aussi, que le progrès ne consiste pas à faire battre des millions d'hommes et à en faire tuer des centaines de mille.

Dans une société où ces principes n'ont pas quelque valeur, l'autorité du droit des gens n'a pas de place et en célébrer le bienfait n'est souvent qu'une tromperie de plus.

La guerre présente nous montre que le culte exclusif de la force, fût-il appuyé des arguments les plus spécieux qui soient, ne va pas sans un retour de l'humanité à la barbarie. Le droit des gens qui modère la force et répand la parole de la raison est donc bien un élément nécessaire à la civilisation du monde. Mais le droit a aussi ses faiblesses, il ne tire pas de lui-même son autorité et risque de rester méconnu si quelque doctrine plus haute n'inspire pas ses préceptes. Nous sommes convaincu que seules la connaissance et la pratique de la morale chrétienne peuvent donner au droit de la guerre l'appui dont il a besoin, et que c'est pour avoir oublié cette vérité élémentaire que les nations assistent avec stupeur à ce réveil imprévu de la barbarie.

Imprimerie J. Thevenot, Saint-Dizier (Haute-Marne)

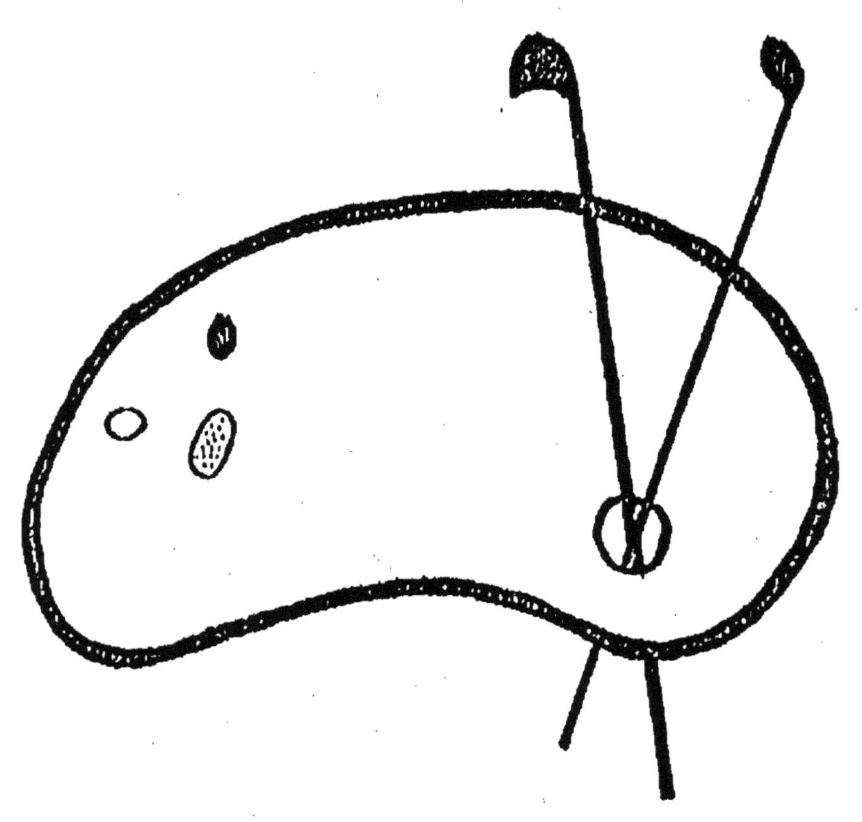

ORIGINAL EN COULEUR
Nº Z 43-120-8

www.ingramcontent.com/pod-product-compliance
Ingram Content Group UK Ltd.
Pitfield, Milton Keynes, MK11 3LW, UK
UKHW020211130726
13696UKWH00002B/859

9 782016 131480